보험,
행복인생 길라잡이

보험, 행복인생 길라잡이

정재철 지음

1판 1쇄 발행 | 2008. 12. 15

발행처 | **Human & Books**
발행인 | 하응백
출판등록 | 2002년 6월 5일 제2002-113호
서울특별시 종로구 경운동 88 수운회관 1009호
기획 홍보부 | 02-6327-3535, 편집부 | 02-6327-3537, 팩시밀리 | 02-6327-5353
이메일 | hbooks@empal.com

값은 뒤표지에 있습니다.
ISBN 978-89-6078-056-9 13320

보험,
행복인생 길라잡이

정재철 지음

INSURANCE

Human & Books

힘들 때 큰 힘 되는 보험의 비밀

"은행은 날씨가 맑을 때 우산을 빌려주지만 비가 오면 우산을 돌려받는다. 보험
사는 날씨가 맑을 때는 우산을 보관하고 있다가 비가 오면 우산을 돌려준다."

—마크 트웨인

대부분의 사람들이 보험에 대한 선입견과 편견을 가지고 있다. 괜한 돈을 내는 것 같기도 하고, 보험금을 받을 때는 항상 분쟁을 각오해야 할 것만 같다. 그래서 보험이라면 드러내놓고 반감을 표시하는 이들도 적지 않다. 그런데 흥미로운 것은 경제가 어려워도 보험을 해약하는 사람들이 생각만큼 많지 않으며, 오히려 가입자가 늘어난다는 점이다. 왜 그럴까? 힘들수록 나와 가족을 위한 든든한 버팀목이 필요하고, 그때 비로소 보험의 가치를 깨닫기 때문이다.

여러 사람들이 조금씩 모은 돈으로 어려움에 처한 사람을 돕는 것이 보험의 원리다. 고상한 말로는 'One for all, All for one' (만인은 한 사람을 위하고, 한 사람은 만인을 위한다)이라고 한다. 어려움에 처한 사람이 내가 아니라면 보험료가 아까울 수 있지만 그 대상이 막상 나와 내 가족

이 된다면 생각이 달라진다. 이처럼 보험은 평소에는 귀찮게 여기다가도 힘들 때 빛을 발한다.

그래서일까? 많은 이들이 보험을 다룬 책을 찾고 있기도 하다. 서점에 가보면 관련 책들이 수두룩하다. 일반인들이 모르고 있던 보험의 비밀을 알려주거나, 보험으로 부자가 되는 구체적인 비결까지 제시하는 책도 쉽게 찾을 수 있다. 하지만 아무리 보험을 다루었다고 해도 주관적인 의견을 사실인양 내보이거나 현실성 없는 정보를 알려주는 책들의 폐해 또한 적지 않다.

'왜 객관적이고 제대로 된 보험 정보를 전달해주는 책은 드문 걸까?

보험업무를 전담하는 기자로서 이런 궁금증에서 벗어날 수 없었고, 이것이 필자에게 펜을 들게 했다. 그리고 주위의 격려에 힘입어 마침내 이 책으로까지 이르렀다.

이 책의 원고를 탈고할 때까지 항상 첫 번째 독자이자 날카로운 비평가 역할을 해준 아내에게 먼저 고마운 마음을 보낸다. 또 보이지 않게 격려해준 가족들과 내일신문 식구들에게도 감사한다.

기사를 쓰면서 늘 함께 고민하고 토론했던 손해보험협회 최종수 팀장

에게 특별히 고마운 마음을 전하며, 생명보험협회 소순영 팀장, 삼성생명 이광호 차장과 김지훈 과장, 메리츠화재 이용혁 과장 등 많은 보험 관계자들에게도 머리 숙여 감사 드린다.

　비가 올 때 우산을 돌려주는 정도가 아니라 바로 곁에서 우산을 씌워줄 수 있는 따뜻한 얼굴을 한 보험사가 많아지기를 기대해보며, 이 책이 그 길에 작은 보탬이라도 될 수 있기를 바라는 마음이다.

2008년 11월 30일
종로구 수송동 보험기자실에서
정재철

머리말

::: **1장 보험, 알수록 인생이 즐겁다**

최 팀장에게는 특별한 것이 있다 ㅣ 13
보험, 요람에서 무덤까지 나를 찾아온다 ㅣ 17
이름만 알아도 당신은 전문가 ㅣ 22

::: **2장 기성복 보험보다 맞춤형 보험을**

위기의 시대, 보험 고수에게 길을 묻다 ㅣ 27
요동치는 주식시장, 내 변액보험 괜찮을까? ㅣ 33
변액보험에 들 때 이것만은 꼭 챙겨라 ㅣ 37
가족 사랑의 첫걸음, 종신보험 ㅣ 40
보험사 직원들도 꼭 드는 연금보험 ㅣ 44
보험 속에 절세의 비밀 있다 ㅣ 49
직장인을 위한 안성맞춤 보험들 ㅣ 53
통합보험, 묶을수록 혜택도 많아 ㅣ 58
민영 의료보험, 어느 것이 좋을까? ㅣ 62
홈쇼핑 보험, 정말 믿어도 될까? ㅣ 70

차례

∷ 3장 보험에 건강과 사랑을 담아

결코 잊지 말아야 할 암보험 | 77

길 떠날 때 강하다, 여행자보험 | 81

바깥에 나갈 때 상해보험부터 챙겨야 | 85

화재보험으로 생명과 재산을 지키자 | 89

내 아이를 위한 선택, 어린이보험 | 93

부모님을 위한 뜻깊은 선물, 효보험 | 96

여성보험, 내 몸은 내가 지킨다 | 100

∷ 4장 자동차와 보험, 안전이 최우선

자동차보험 100% 활용하는 법 | 107

온라인 자동차보험은 싼 게 비지떡? | 112

나도 모르게 내 차가 파손되었다면 | 116

자연재해는 사람을 가리지 않는다 | 120

뜻하지 않게 차가 침수되었다면 | 123

'피곤한 타이어'에 관심을 갖자 | 126

내 차에는 어떤 위험물질이 있나 | 129

지금, 내 차에서 돈이 새고 있나 | 132

여성운전자들이 반드시 알아야 할 것들 | 136

음주운전, 순간의 선택이 평생을 좌우한다 | 139

5장 보험, 알면 돈 모르면 독 된다

보험료, 아는 만큼 줄일 수 있다 | 145

유대인처럼 멀리 보고 가입하라 | 148

보험료 아끼는 7가지 방법 | 153

보험 가입 전 5가지 체크 포인트 | 157

특약만 제대로 알아도 본전 뽑는다 | 161

아무리 힘들어도 보험은 해약할수록 손해 | 166

사고를 대비한 배상책임보험의 모든 것 | 171

얼떨결에 당하고, 알고도 당하는 보험사기 | 175

6장 보험사가 알려주지 않는 보험 이야기

숫자를 알면 보험이 보인다 | 181

알면 도움되는 보험사 콜센터 이용법 | 186

혹시 당신도 고아계약자? | 190

보험금, 확실하게 받으려면 이렇게 하라 | 196

철 지난 보험은 리모델링하라 | 201

상처는 하나면서 장해등급은 5개? | 205

보험 뒤에 또 다른 보험 있다 | 209

이천 화재사고로 본 보험의 허실 | 213

이소룡의 부활과 보험광고 | 216

7장 세상에는 이런 보험도 있다

보험을 알면 세상이 보인다 | 223

카퍼슨 보험을 아시나요? | 228

외계인납치보험, 있다? | 232

올림픽안에도 보험있다 | 236

최 팀장은 왜 즐거울까?
무엇이 그를 지켜주기에 싱글벙글일까? 그와 함께 하고 그래서 그의 삶을 더욱 든든하게 챙겨주는 것은?
요람에서 무덤까지 그를 지켜주는 특별한 비밀을 들여다보자.

보험,
알수록 인생이
즐겁다

현대인들은 누구나 보험 속에서 살아간다. 보험에 가입한 사람과 그렇지 않은 사람도 마찬가지다. 하지만 보험은 들기만 하면 그만? 절대 아니다. 보험은 제대로 활용하면 필요할 때 혜택을 받을 수 있는 상품으로, 우리 삶과 떼려야 뗄 수 없는 관계를 맺고 있다.

다음에 소개한 보험 가입자의 일상을 들여다보면 보험이 우리 삶과 얼마나 밀접한지, 보험이 우리 일상에 얼마나 큰 도움을 주는지 실감할 수 있다.

최 팀장은 왜 늘 웃고 다닐까?

최 팀장은 중소기업에 다니는 12년차 직장인이자 39세인 전형적인 샐러리맨이다. 아내와 10살, 3살짜리 아들이 있다. 연금보험과 암보험, 자동차보험, 통합보험, 그리고 아이들을 위한 어린이보험까지 그가 든 보험은 모두 5가지다. 매달 나가는 보험료는 모두 합해 50만원 정도.

최 팀장은 여느 때처럼 오전 6시에 일어나 아침식사를 마친 뒤 7시가 조금 넘어 출근길에 나섰다. 경기도 고양시의 한 아파트에 살고 있고, 서울 도심에 있는 직장까지는 차를 타고 다닌다. 그는 차 안에서 오늘 오랜만에 만나는 친구와의 점심 약속과 저녁에 아내에게 줄 선물로 마음이 설렜다.

출근길은 여느 날과 달리 도로가 붐비지 않았다. 날씨도 좋아 기분 좋게 속도를 냈다. 그런데 갑자기 앞차가 속도를 급히 줄이면서 추돌사고가 날 뻔했다. 자동차사고는 언제 어느 때 일어날지 모르고 생명까지 위험할 수 있다. 사고에 따른 피해보상도 매우 부담스럽다. 요즘처럼 외제차가 많은 때는 더욱 그렇다. 그래서 그는 자동차보험 대물한도를 1억원으로 높였다. 보험료를 1만원 더 부담하고 있지만 요즘처럼 자동차사고가 빈번하고 외제차가 많을 때는 아깝지 않았다.

최 팀장은 대중교통을 이용하기도 한다. 그때는 일반상해 1억원, 교통상해 2억원에 가입한 상해보험이 그를 지켜준다.

최 팀장이 가입한 보험 현황

구분	보험 종목	보장 내용	비고
손해보험	자동차보험	대인1, 대인2, 자차, 자손, 대물(1억원), 무보험상해 등	
	통합보험	상해 담보, 질병 담보, 운전자보험 담보, 사망 담보, 의료비 담보(실손상품), 배상책임 담보 등	
	어린이보험	자녀의 상해 담보, 질병 담보, 배상책임 담보 등	환급형
생명보험	연금보험	노후 대비 연금보험	
	암보험	진단비, 수술비 등 담보	

🗄 보험이 든든해야 하루가 즐겁다

오전 11시 30분, 최 팀장은 마음이 들떴다. 오랜만에 만나는 고등학교 친구와 점심식사를 하기로 한 약속 때문이었다. 둘은 학교 다닐 때 아주 친한 사이였다. 하지만 사회생활을 하면서 그간 연락을 하지 못하고 지내 더욱 보고 싶었다. 친구와 회사 근처 음식점으로 향했고, 간단하게 반주도 한 잔 하면서 고등학교 때 이야기로 시간 가는 줄 몰랐다.

식사를 마치자 오후 1시 30분, 서둘러 카운터로 향했다. 그런데 카운터 벽에 붙은 '음식물배상책임보험 가입 증서'가 눈에 들어왔다. 자주 다니는 음식점이면서도 미처 보지 못한 증서였다. 음식점의 음식을 먹고 병이 났을 때 배상해주는 보험에 들었으며, 1인당 5,000만원 한도에 연간 한도가 1억원이라고 적혀 있었다. 그 증서를 보자 음식 맛뿐만 아니라 그 음식점에 대한 믿음이 커졌다.

친구와 헤어진 뒤, 서둘러 회사로 온 탓인지 오후에 아랫배가 아팠다. 그가 든 통합보험에는 의료비 담보가 있어 병원 검사료와 처치료 등을 보험처리할 수 있었다. 따라서 병원비 걱정은 하지 않아도 되었다. 아파도 병원비 때문에 억지로 참는 다른 직원들을 생각하면 자신의 선택에 흐뭇해졌다. 다행히 병원으로 가던 도중에 통증이 많이 가라앉아 소화제로 해결할 수 있었다.

오후 늦게 시내출장 건이 생겨 차를 타고 거래처로 향했다. 그런데 거래처의 주차관리인이 최 팀장의 차를 주차시키는 도중 접촉사고를 내 범퍼가 일부 깨지고 말았다. 주차관리인은 파손비를 자기 돈으로 냈을까? 아니다. 그 건물은 주차장배상책임보험에 들어 있었고, 사고 한 건당 최고 1억원까지 보상이 가능했다. 주차관리인은 최 팀장에서 미안하다며 곧바로 보험처리했고, 최 팀장은 얼굴을 붉히지 않아도 되었다.

최 팀장, 가족에게 투자하다

하루 일을 마치고 집에 돌아온 시각은 저녁 8시. 가족과 저녁식사를 마친 후 두 아들과 함께 집 근처 공원으로 바람을 쐬러 나갔다. 그는 아이들과 함께 할 때가 가장 행복했고, 자신을 믿고 건강하게 자라는 아이들이 있기에 회사에서 쌓인 스트레스도 눈 녹듯 사라졌다.

그런데 예상하지 못한 사고가 일어났다. 자전거를 타고 놀던 큰아이가 갑자기 끼어든 사람을 피하려다 주차된 차에 넘어지고 말았다. 천만다행으로 아들의 상처는 크지 않았고, 차는 사이드미러가 망가졌을 뿐이었다. 병원에 가서 간단한 치료를 하고, 차 주인에게 연락해 수리비를 물어주었다. 이 역시 아이들을 위해 가입한 어린이보험으로 해결할 수 있었다. 보험이 아니었다면 병원비와 수리비를 마련하기가 버거웠을 것이다.

그렇게 침대에 누운 것은 10시 30분. 두 아들을 재운 최 팀장은 아내와 함께 내년 초 휴가계획을 세웠다. 그간 아이들을 돌보랴 집안일하랴 고생한 아내를 위해 동남아여행을 제안하자 아내의 얼굴이 환하게 밝아졌다. 최 팀장이야 그보다 더한 것이라도 선물하고 싶었다. 하지만 가족들과 함께 하기에는 동남아여행이 가장 좋을 듯했다.

아차! 깜빡 잊은 게 있다. 여행자보험! 특히 이번 휴가는 해외여행이므로 해외여행자보험에 들어 질병이나 사고, 휴대전화 분실까지 대비하자. 내일 오전에 여행사도 알아보고 여행자보험도 미리 챙기리라 다짐하면서 잠에 들었다. 오늘 따라 아찔한 일이 여러 번 있었지만 최 팀장의 입가에는 밝은 미소가 넘쳤다.

보험, 요람에서 무덤까지 나를 찾아온다

사람은 누구나 이 세상에 태어나 늙고 병들고 죽는다. 이것을 피할 수 있으면 좋겠지만 누구도 피할 수 없어서 더욱 애탄다. 그 안에서 기뻐하고 노여워하고 슬퍼하며 즐거워하는 것이 인생인가 보다. 그렇다면 생로병사는 막을 수 없지만 어려울 때를 미리 대비할 수는 있지 않을까?

럭비공처럼 튀는 우리 아이를 위해

보험에 가입할 수 있는 가장 어린 나이는 0살이다. 즉 세상에 얼굴을 내밀기도 전인 엄마 뱃속 때부터 보험에 들 수 있다. 이를 '태아보험'이라고 부른다. 태아보험은 어린이보험의 하나로, 임신 12주나 16주부터 22주 사이에 가입할 수 있다. 엄마가 임신한 뒤 보험사와 태아보험을 상담했다면 아기는 뱃속에서부터 보험을 접하는 셈이다.

아이들은 어떨까? 럭비공처럼 어디로 튈지 모르기에 부모는 늘 조마

보험과 일생

연령대	필요한 보험상품	주요 보장 내용 및 특징
유아기 (임신~2세)	자녀보험 또는 어린이보험	임신 12주(또는 16주)부터 20대까지 보장 미숙아, 선천성 이상 수술비 등 보장
청소년기 (초·중·고교)	자녀보험 또는 어린이보험	상해, 질병, 배상책임 등 보장 유괴, 납치, 왕따 등 특약 첨부 가능 상법상 15세 미만의 사망보험금은 담보하지 않음.
	교육보험	교육비 지원 및 보험 고유의 위험 보장 대학교 학자금, 유학 및 어학연수 비용 등 보장
	이륜차보험	이륜차 보험가입률은 약 31%로 매우 저조함. 이륜차 책임보험은 반드시 해야 하는 의무보험으로 미가입시 과태료가 부과됨.
청년기 (21~30세)	상해보험	체육 또는 레저활동으로 인한 상해 보장 암벽등반, 스카이다이빙 등 일부 위험활동은 보장하지 않음.
	질병보험	암보험의 경우 가입 후 90일이 경과해야 보장됨.
	여행자보험	배낭여행 등 국외여행 때 일어나는 상해, 질병, 배상책임 등을 보장 여행 일정에 따라 단기간도 가입 가능
	유학생보험	유학중 일어나는 상해 및 질병의료비 보상 보험기간은 3개월에서 1년 이내로 유학기간에 맞추어 가입 가능
중년기 (31~40세)	통합보험	다양한 보험상품을 하나로 가입(보험료 저렴)
	연금보험	노년 대비용 상품 (생명보험의 경우 10년 이상 유지할 때 비과세 혜택)
	종신보험	가장의 사망으로 인한 경제적 불안전성 대비(보장자산의 성격)
	의료비보험	의료비 지출에 대비하기 위한 민간의료보험
	재테크보험	변액, 주가지수연계 등 저축성 보험으로 보험상품을 통한 재테크 가능
	자동차보험	책임 및 대물(1,000만원 이상)은 의무가입 대상임. 무보험, 뺑소니사고의 경우 정부보장사업으로 보상 가능
장년기 (41~60세)	상조보험	상해, 질병을 보장하고 사망시 장례 절차에 필요한 물품 및 서비스 제공(추모 비용도 지급)
노년기 (61~사망시)	실버보험	최대 70세까지 보험 가입 가능 각종 의료비, 간병비 및 노후생활비 등 지급

조마하다. 다치거나 병이 나면 어쩌나 싶어 걱정이 앞선다. 그래서 어린
이보험에 든 부모들이 의외로 많다. 물론 부모가 가입하지만 보험 대상
은 어린 자녀로, 상해나 질병 의료비·암 진단비·자녀의 배상책임 등을

보장해준다. 특히 최근에는 왕따·유괴·납치 등 학원폭력 및 강력범죄에 대해 보장해주는 상품이 인기를 끌고 있다. 교육보험은 어떨까? 교육보험은 예전에 큰 호응을 얻었지만 다양하고 높은 금리를 주는 상품들이 많아 최근에는 판매가 주춤한 편이다.

이륜차보험도 알아두면 도움이 된다. 최근 청소년들 사이에 유행하고 있는 오토바이는 자동차의무보험에 들어야 하는 대상이지만 2008년 7월 현재 가입률은 31.3%에 불과하다. 과속·곡예운전·추월·안전장비 미착용 등으로 인한 오토바이 사고가 빈번하게 일어나고 있다. 이를 감안한다면 부모들의 세심한 관심과 배려가 절실하다.

자신과 가정을 설계할 나이라면

20, 30대는 가장 왕성하게 활동하는 시기다. 특히 20대는 레저활동이나 여행, 유학생활 등 바깥활동을 자주 하면서 다양한 위험에 노출되는 시기이기도 하다. 그래서 20대에는 상해보험·질병보험·여행자보험·유학생보험 등이 유용하게 쓰일 수 있다. 다만, 암벽등반이나 스카이다이빙처럼 사고위험이 높은 운동이나 레저활동은 보험 가입이 안 될 수 있다.

30, 40대는 사회생활과 가정생활이 본격적으로 자리 잡는 시기다. 이 시기는 본인과 가족을 위해 보험에 가입해야 하며, 보험상품들 대부분이 30, 40대를 주요 타깃으로 삼고 있다. 특히 30, 40대는 대부분 차를 갖고 다니므로 자동차보험은 필수적이다.

중년기는 노후 대비를 위한 연금보험, 사고를 당했을 때 남은 가족에게 경제적인 부담을 덜어줄 종신보험을 진지하게 고민해야 한다. 종신보험의 경우 가격이 부담된다면 보장내역은 비슷하지만 기간이 정해져 보험료가 저렴한 정기보험도 도움이 된다.

 ## 노후를 위해 몸과 재태크를 생각해야

중년기는 의료비 관련 보험에 집중적으로 관심이 쏠리는 시기다. 예전에는 생명보험사들이 판매하는 정액형 건강보험이나 손해보험사의 실손형 의료보험에 가입했지만 최근에는 생명보험사들이 민영 의료보험 시장에 뛰어들어 경계가 허물어지고 있다. 이럴 때일수록 생명보험 상품과 손해보험 상품의 장·단점을 잘 따져보아야 한다.

재테크를 위한 저축성 보험도 관심을 가져야 한다. 변액보험이나 주가지수 연계형(인덱스) 보험이 여기에 속한다. 특히 변액보험 가입자들이라면 주식 등락폭이 심할 때 펀드를 변경해 자산운용을 좀더 안정적이고 보수적으로 하는 지혜가 요구된다.

40대 후반부터는 의료비·재테크·노후 대비 등 다양한 보험을 생각해볼 수 있다. 이를 위해 노후를 대비한 연금보험, 질병이나 의료서비스에 대비한 실버보험이나 민영 의료보험, 사망 전후를 대비한 상조보험 등을 추려보자. 이 가운데 상조보험은 45세부터 75세까지 들 수 있으며 상해 사망은 100세, 질병 사망은 80세까지 보장한다. 실버보험은 회사에

가구당 보험 가입률

구분	2003년	2005년	2007년	2008년
생명보험	84.6%	86.0%	87.2%	90.8%
손해보험	78.4%	78.5%	82.3%	86.3%
전체	93.4%	94.4%	95.6%	97.7%

따라 차이가 있지만 최대 70세까지 가입할 수 있고, 상품도 다양하며, 각
종 노인성 질환과 노후생활비 등을 폭넓게 보장한다는 장점이 있다.

삼성생명 유니버설종신골드보험·교보 큰사랑CI보험·대한생명 뉴베스트변액연금……. TV나 신문에 자주 나오는 보험들이다. 하지만 용어가 귀에 금방 들어오지 않는다. 보험광고만 봐서는 무슨 보험이고 무엇을 보장하는지 알기가 힘들다.

하지만 비밀은 가까운 곳에 있는 법. 보험상품의 이름만 알아도 그 상품이 무엇을 보장하는지 이해할 수 있다.

이름 속에 보험의 핵심이 숨어 있다

보험상품의 이름은 크게 회사명, 배당 여부, 부가기능, 본질보장기능 등 4가지로 나뉜다.

회사명부터 들여다보자. 각 보험사들은 상품이름 맨 앞에 회사명을 붙인다. 따라서 보험상품 이름의 맨 앞만 보면 어느 회사에서 만들었는지 쉽게 알 수 있다. 특히 보험상품의 회사명을 보면 생명보험사 상품인지 손해보험사 상품인지 금방 알 수 있다. 의료비 보장 보험이라도 생명보험사 상품은 특정 질병에 걸렸을 때 정해진 금액을 주지만 손해보험사 상품은 실제 본인이 쓴 금액만 지급한다.

두 번째는 배당상품인지 아닌지를 파악한다. 생명보험사들은 고객에게서 받은 보험료와 자산운용 결과에 따라 잉여금이 생길 수 있다. 이때 잉여금을 고객에게 배당하는 것이 유배당상품, 그렇지 않은 것이 무배당상품이다. 유배당상품의 경우 우리나라 보험사들은 이차율차 배당, 위험률차 배당, 사업비차 배당, 장기유지 특별배당을 할 수 있다. 다만, 현재 국내 생명보험사들 대부분이 무배당상품만 판매하고 있는 상황이다.

 실속파는 보험 이름부터 챙긴다

세 번째로 체크할 것이 부가기능이다. 생명보험은 보장기간이 20년 이상 유지된다. 기간이 길면 물가상승·금리변동 등 외부요인은 물론 가입 고객의 경제상황도 달라질 수 있다. 그래서 최근에 출시된 생명보험 상품들에는 상황 변화에 대처할 수 있는 다양한 부가기능이 포함되어 있다.

이 중 변액보험은 널리 알려진 상품이다. 변액보험은 계약자가 낸 보험료 중 일부를 펀드에 넣어 운용실적에 따라 고객에게 투자이익을 배분함으로써 보험기간 중에 보험금과 환급금 등이 바뀌는 실적배당형 보험을 말한다. 변액보험은 실적이 좋을 때 시중금리를 웃도는 수익을 낼 수 있지만 반대로 원금이 깎일 수노 있음을 감안해야 한다. 이마저도 못 미더운 고객을 위해 최근에는 최저보증제 등을 도입한 다양한 보험상품들이 나오고 있다.

변액과 함께 짚어야 할 상품이 유니버설이다. 유니버설은 보험료 내는 방식을 자유롭게 정할 수 있음을 말한다. 월납·연납·일시납 등 정해진 대로 보험료를 내는 기존 보험과 달리 유니버설 상품은 의무 납입기간 이후에는 보험료 납입을 일시 중단할 수도 있고, 납입한도 내에서 추가로 더 낼 수도 있다. 게다가 중도에 별도의 이자를 부담하지 않고 인출하는 기능도 있으므로 환매할 때 수수료를 부담하는 펀드와는 대조적이다. 이밖에 연금보험에 붙어 있는 '즉시' 또는 '바로'는 거치기간 없이 가입 후 곧바로 연금을 수령할 수 있음을 의미한다.

보험상품의 이름 마지막에는 본질적인 내용을 담은 본질보장기능이 붙는다. 이 중 연금, 교육, 상해 보험은 익숙하지만 생명보험 상품에 붙는 단어들 중 종신, 정기, CI, 리빙케어 등은 일반인들에게 낯설다. 쉽게 설명하면, 보장기간에 따라 고객이 어느 때 죽더라도 보장해주는 상품에는 '종신'을, 50세나 60세까지 또는 20년 등 특정기간을 정해 사망을 보장해줄 때는 '정기'를, 치명적인 질병이 있을 때 사망보험금 일부를 미리 주는 상품에는 'CI' 또는 '리빙케어'를 붙인다. 정기보험은 종신보험에 비해 보장기간이 짧아 그만큼 보험료가 낮은 편이다.

2장

보험, 잘 고르면 큰 혜택을 받지만 잘못 고르면 골칫거리 된다.
내게 들어맞고 실속 있는 보험을 고르려면 어떻게 해야 할까? 그리고 보험고수가 권하고,
보험사 직원들이 먼저 챙기는 보험은?

기성복 보험보다 맞춤형 보험을

많은 사람들이 경제가 어렵다고 말한다. 전망은 불확실하다. 이런 '위기의 시대'일수록 내 보험은 어떻게 해야 할지 고민이 앞선다. 그래서 보험업계에 오랫동안 몸담은 보험 베테랑 두 명에게서 그 해법을 찾아보았다. 두 사람 모두 20년 이상 보험업과 함께 한 보험 고수다. 보험 고수들은 일반인들에게 어떤 보험을 권할까? 아울러 금융위기 시대에 보험을 관리하는 법까지 알아보자.

보험은 가장 확실한 인생 재테크다

인터뷰에 응한 사람은 삼성생명 고준호 상무와 동부화재 원승관 부장이다. 두 사람 모두 20년 이상 보험업계에 몸담아 온 베테랑들이다. 고 상무는 1983년 삼성그룹에 입사한 뒤 1984년부터 삼성생명에서 25년째 근무하고 있으며, 4년간 영업소 소장을 맡았을 정도로 현장감각도 남다르다. 원 부장은 1986년 동부화재의 전신인 한국자동차보험에 입사해 23년째 동부화재에서 근무하고 있다. 원 부장 역시 영업소장 경력이 14개월에 이른다. 두 사람 모두 보험업계의 바닥정서를 속속들이 알고 있으며, 실력과 인품 평판이 매우 좋다.

두 사람에게 단도직입적으로 물었다.

"보험은 무엇이며, 왜 중요한가?"

원 부장은 "은행·증권 등도 있지만 보험이야말로 인간이 만든 금융상품이나 경제제도 중에서도 최고"라고 말했다. 보험사에 적을 두고 있어서 그렇게 말한 게 아닌가 하고 다시 물었는데 답변은 명쾌하다.

"보험은 자기에게도 도움이 되지만 다른 사람도 돕는 이타적인 상품으로, 수많은 금융상품들 중에서도 가장 인간적인 얼굴을 하고 있다."

고 상무는 "보험이야말로 진정한 인생 재테크"라고 말했다. 그는 많은 사람들이 재산을 불리는 데는 관심이 많지만 그 재산이 순식간에 없어질 수 있다는 데는 진지하게 생각하지 않는다며 안타까워했다.

"보험은 위기의 순간에 가장 확실한 자산이 될 수 있기에 보험을 진정한 인생 재테크라고 부르고 싶다."

고 상무는 아울러 "언론에서는 저마다 보험상품이 너무 많다며 줄여야 한다고 지적한다. 하지만 현장에서 일반인을 상대하는 입장에서는 보험상품이 더 다양해야 한다"고 말한다. "보험상품이 많다는 것은 그만큼 자기에게 맞는 상품을 고를 수 있는 기회가 많다는 것 아니냐"며 반문한다. 특히 그는 보험상품이 아무리 좋아도 가입자가 감당할 수 있는 적정한 보험료, 자기에게 맞는 보험에 드는 것이 보험 재테크의 기본이라고 강조한다.

 ## 보험 고수들은 어떤 보험에 들었을까?

그래서 다시 물어보았다.

"솔직하게 지금 어떤 보험에 얼마나 들었는가?"

예상은 했지만 대형보험사 임원과 고참부장인만큼 보험 가입 숫자나 보험료 역시 만만치 않았다. 고준호 상무는 모두 17건의 보험에 들었다. 이 가운데 6건은 이미 보험료 납입이 끝났고, 보장기간만 남았다. 그가 영업소장으로 있을 때부터 5만원, 10만원씩 넣은 연금보험이 가장 보람 있는 일이라며, 재산목록 1호라고 자랑한다.

현재 한 달에 200만원 정도 보험료를 내는데, 그 중에 연금보험료가 120만원 정도 된다. 그런데도 부족하다고 말한다. 은퇴 이후 국민연금과 합쳐도 한 달에 250만원 정도 받을 것으로 예상되어 적어도 300만원 정도를 맞추기 위해 연금보험을 더 가입했다. 나머지는 종신보험, 실버케어보험 등 보장성 보험에 들었다.

원승관 부장이 든 보험은 부인과 자녀들 것까지 포함해서 10개가 조금 넘는다. 질병보험, 생명보험사의 암보험, 손해보험사의 통합보험을 비롯해 종류도 다양하다. 예전에는 보험만기가 60세밖에 되지 않았는데 최근에는 80세 만기, 100세 보장 상품이 많이 나오면서 추가로 들었다. 보험료는 한 달에 130만원 정도.

"젊었을 때와 달리 나이가 들면 고혈압 등 각종 질병으로 가입을 제한하는 일이 많다. 따라서 보험은 일찍 챙기는 것이 좋다."

원 부장은 이런 충고를 잊지 않았다.

🔍 보험 고수들은 통합·연금보험을 찾는다

두 사람에게 일반인들에게 도움되는 보험상품을 추천해달라고 부탁했다. 원 부장은 통합보험을 꼽았다. 평균수명이 길어지고 80세 이상을 사는 분들이 흔해지면서 무병장수는 사실상 힘들어졌다. 그래서 그는 상해나 질병 보장을 든든하게 해야 한다고 강조한다. 아울러 소득이 있을 때 납입한 뒤 나중까지 보장받으면 본인도 좋고 자식들 부담도 덜 수 있어 가입시점은 젊을수록 좋다고 한다.

고 상무는 역시나 연금보험 마니아다. 스스로도 영업소 소장에 있을 때부터 연금보험에 들었고, 직원들에게도 권했다.

"연금보험은 나이가 들어 한꺼번에 들면 경제적인 부담이 커지므로 젊었을 때부터 조금씩 여러 개를 나누어 가입하는 게 좋다."

❓ 보험에 든 걸로 하면 안 될까요?

보험 고수들은 보험업계에 오랫동안 종사한만큼 기억에 남는 일도 적지 않다. 특히 고 상무는 영업소장 때 겪은 일을 지금도 잊지 못한다. 당시 함께 일하던 보험설계사가 한 부인을 교육보험에 가입시키려고 공들였다. 인사도 할 겸 고 소장도 함께 그 집에 들렀는데, 마침 부인의 남편이 집 앞에서 대형 트레일러에 치여 죽은 뒤였다. 아이 둘을 혼자 챙길 처지가 된 부인은 고 소장을 보자마자 애원했다.

"보험에 들려고 했는데 이런 일이 있을 줄 누가 알았겠어요? 죄송하지만 보험에 든 걸로 해주면 안 될까요?"

남편을 잃은 젊은 부인이 아이들 걱정에 눈물로 호소했다. 가짜로라도 보험에 들게 해주고 싶을 만큼 그 부인 입장이 몹시 딱했지만 그렇게 해줄 수도 없었다. 그때 이후로 고 상무는 보험을 보는 시각을 180도 바꾸었다. 사람들에게 보험을 권유하면 대부분 짜증내기 마련이다. 하지만 그들이 언젠가는 자신의 권유로 보험에 든 것에 고마워할 때가 있으리라는 믿음을 지금까지 갖고 있다.

원 부장도 마찬가지다. 보험사에 다니면서 지인들에게 보험에 들라고 권유했는데 처음에는 부담스러워하던 사람들이 혜택을 받고 감사의 인사를 건넬 때 가장 큰 보람을 느낀단다. 하지만 가까운 친척이 암이나 질병으로 고생하면서도 보험에 들지 않아 힘들어 할 때는 좀더 강하게 권유하지 못한 자신을 원망하기도 했단다.

🗄 위기의 시대, 전략도 바꾸어야

"위기의 시대를 헤쳐나가려면 어떻게 해야 할까?"

이 대목에서는 두 고수의 생각이 일치했다. 원승관 부장은 경기가 좋을 때보다 경기가 좋지 않고 위험도가 높을 때일수록 보험을 유지해야 한다고 말했다. 경제가 더 어려워져 다니던 회사에서 구조조정되거나 병에 걸렸다면 보험이 마지막 보루가 될 수 있기에 그렇다. 어려운 시기에 새로 가입하지는 못하더라도 기존 보험은 되도록 유지해야 한다는 설명이다. 다만, 가입된 보험들이 불필요하게 중복되어 있다면 합리적으로 리모델링하라고 충고했다.

흔히 '혜택을 봐야 의미를 찾는다'고 생각하는 사람들이 많다. 이에 대해 원 부장은 질병·상해 등 보장성 보험은 사고가 나거나 아파야 혜택을 보기 때문에 오히려 받지 않는 것이 최선이라고 말했다. 보험은 만일의 상황에 나를 위하면서도 내가 사고가 나지 않을 때 남까지 위하는 상품이라는 인식 전환이 필요하다는 뜻이다.

이 점에 대해서는 고준호 상무도 동의한다. 아울러 고 상무는 최근 금융시장이 휘청거리면서 변액보험 등 투자형 보험이 자주 타깃이 되는데, 너무 불안해하는 것은 좋지 않다고 충고했다. 우선 자신이 든 보험이 무엇인지 잘 살펴보고, 보험사가 신뢰성 있고 리스크 관리를 잘한다면 단기수익률에 매달리지 말고 길게 내다보라고 충고했다. 그는 최근에 원금이 보장되는 변액연금보험이 증가하는 추세도 이런 전략적 사고 때문이라고 지적한다.

고 상무는 지금도 외환위기 때를 잊을 수 없다고 말한다. 당시 그는 지점 차장으로 창구업무도 함께 담당했다. 매일 아침, 지점 앞은 보험을 해약하려고 줄 선 사람들로 가득했다. 그것도 대부분 생계형 해약이었다. 부도 나서, 아이들 학비 때문에, 당장 생활비가 급해서 등등…….

그는 지금 상황이 그때와 닮은 면도 있지만, 이미 위기를 한 번 겪어서 면역력도 생겼고, 제대로 대처하는 방법도 알고 있다는 점이 그때와는 전혀 다르다고 말한다. 따라서 개인투자자나 보험계약자들도 지나친 위기의식은 옳지 않다고 지적한다. 멀리 내다보라는 충고다.

세계경제가 움추리고 주식시장이 급등락을 거듭하는 요즘, 변액보험 가입자들은 불안하다. 투자와 보장이라는 두 마리 토끼를 한꺼번에 잡을 수 있다는 기대가 오히려 절망으로 바뀌고 있다. 변액보험 가입자들은 다른 투자처를 찾아야 하는지, 그래도 보험을 유지해야 할지 방향을 잡지 못한다.

변액연금보험, 원금보장 + α

최근 생명보험사들이 경쟁적으로 출시하고 있는 변액상품들 가운데 특히 변액연금보험이 눈에 띈다. 생명보험사들이 내놓는 신상품들 대부분이 변액연금보험일 정도다. 변액연금보험은 갈수록 관심이 커지는 노후대비를 위한 상품, 즉 연금이면서도 일정 수준 이상의 투자수익률을 기대할 수 있는 저축이나 투자상품 성격을 함께 갖고 있기 때문이다. 변액연금보험 수탁고가 해마다 급증하는 것도 이런 이유에서다.

더구나 최근 생명보험사들이 내놓은 변액연금보험 상품들은 다양한 보증옵션으로 주가가 하락해도 최소한의 원금을 보장해주는 기능을 추가해 인기가 높다. 즉 변액보험이 갖고 있는 원금손실 불안을 상당 부분 해소한 신개념 상품들이 일반인들에게 호응을 얻고 있다. 납입한 원금의 110~130%까지 보장하는가 하면, 최저보장 금액이 매년 높아지는 보험 상품도 시장에 여럿 나왔다.

이처럼 변액연금보험은 최저사망 보증, 최저연금액 보증, 최저적립금 보증, 최저인출 보증 등의 다양한 보증옵션으로 가입자들의 불안감을 해소하면서 최근 가입자들이 늘고 있다. 증시가 요동치는 요즘, 길게 내다보는 투자와 보장기능을 함께 원한다면 변액연금보험이 좋을 것이다.

변액연금 수탁고

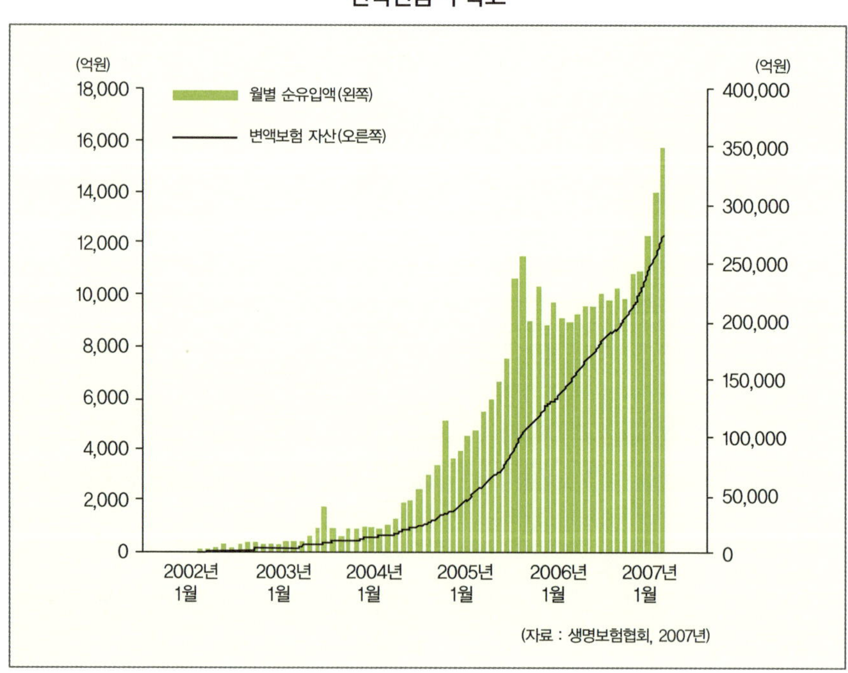

# 불안한 때일수록 유연하게 대처해야

자신이 든 변액보험의 수익률에 관심을 갖는 것은 당연하다. 변액보험 수익률은 시장상황에 따라 바뀌지만 다양한 투자옵션으로 손해를 최소화할 수 있으며, 장기간 투자로 단기간의 손해를 만회할 수도 있다. 실제로 지난 2008년 1월, 세계 증시의 동반 하락으로 변액보험도 1개월 수익률이 -5.7%를 기록하는 등 단기수익률이 악화되기도 했지만 당시 연환산 수익률(12.9%)과 누적수익률(42.8%)을 보면 변액보험은 여전히 높은 수익을 냈다.

물론 세계경제의 침체가 장기화되어 변액보험의 수익률도 더 떨어졌다. 그래서 수익률 하락을 지켜보기가 힘들다면 변액보험의 다양한 펀드 운용 방법을 활용하는 것도 요령이다.

우선 '특별계정(펀드) 변경'으로 펀드환매와 비슷한 효과를 볼 수 있다. 이는 주식시장이 폭락하고 콜금리가 올라갈 때 주식형 펀드를 채권형으로 바꾸어 주가 하락으로 인한 손실을 최소화하고 금리인상에 따른 수익을 얻다가 향후 주식시장의 활황이 예상되는 시점에 주식형 펀드로 바꾸는 방식이다.

특별계정 변경은 상품에 따라 차이는 있지만 1년에 최대 12회까지 할 수 있다. 특별계정 변경을 원한다면 보험사에 문서로 요청하거나 각 생

변액연금보험 보증 옵션

구분	주요 내용
최저사망 보증	피보험자 사망시 그 시점에서 자산잔고가 원금보다 적더라도 기본 사망보험금을 보증
최저연금액 보증	펀드 운영실적과 관계없이 연금 수령기간에 수령하는 연금액을 보증
최저인출 보증	적립기간 만료되기 전 매년 일정금액 인출 가능, 납입보험료 중 일정률 인출 보증

명보험사의 인터넷 홈페이지를 이용해서 직접 바꿀 수 있다. 특별계정을 변경할 때는 소정의 수수료를 내기도 하는데, 최근 고객서비스의 일환으로 수수료를 부과하지 않는 회사들이 늘고 있다.

'보험료 분산투입' 기능을 활용할 수 있다. 보험료 분산투입은 계약자가 보험가입시 청약서상에 납입보험료의 특별계정별 배분비율을 골라 표기하면 그에 맞추어 보험사가 포트폴리오를 구성해서 자산을 운용하는 것이다. 예를 들어 100만원의 보험료를 주식형 특별계정에 30만원, 채권형 특별계정에 50만원, MMF형 특별계정에 20만원씩 분산해 투자할 수 있다.

이밖에도 고액의 자금을 한꺼번에 납입했다면 가입자가 낸 보험료를 일정한 시점에 특별계정에 투자할지 여부를 지정하는 '보험료 정액분할투자'로 수익률이 시장의 흐름에 크게 좌우되는 불안을 해소할 수 있다.

하지만 이 같은 다양한 방법과 유연성에도 불구하고 보험전문가들은 여전히 변액보험의 장기수익률과 보장성을 우선시해야 한다고 말한다. 즉 멀리 보고 긴 호흡을 가질 때 보장과 투자수익이라는 변액보험만의 매력을 제대로 만끽할 수 있다.

변액보험에 들 때 이것만은 꼭 챙겨라

2007년 11월, 금융감독원은 보험에 들 때 반드시 알아야 할 내용을 소개했다. 그 가운데 가장 먼저 언급한 것이 바로 변액보험이다. 그만큼 변액보험은 어렵기도 하고, 일반인들이 사실과 다르게 알고 있는 부분도 많다.

변액보험은 모두 펀드에 투자할까?

"변액보험은 본인이 납입한 보험료의 전부가 펀드에 투자되어 운영될까?"

일반 사람들이 가장 많이 묻는 대표적인 질문이다. 정답부터 말하면 아니오다. 계약자가 낸 보험료 가운데 위험보험료와 부가보험료, 즉 사업비를 제외한 금액만 펀드에 투자되어 운영된다. 본인이 든 변액보험의 투자원금, 즉 특별계정 투입보험료는 가입시 보험사가 제공하는 가입설계서상의 '해약환급금 예시표' 와 반기별로 송부하는 '보험계약 관리 내용' 에서 확인할 수 있다.

변액유니버설보험은 의무납입기간만 보험료를 내면 된다고 생각하는 사람들이 많은데 이 역시 아니오다. 변액유니버설보험은 의무납입기간, 즉 일정기간 동안 보험료를 반드시 내야 하며, 의무기간이 지난 뒤에는 보험료 납입을 일시 중지할 수 있는 기능이 있다. 하지만 납입이 중지되었어도 이미 낸 돈에서 위험보장에 필요한 위험보험료와 사업비가 계속 빠져나간다. 이 때문에 납입중지 상태가 오래 될수록 인출할 돈이 부족해져 보험계약이 해지될 수 있다.

변액보험은 1년의 단기투자상품이라는 견해도 있는데, 이는 어떨까? 이 역시 아니다. 변액보험의 보험료에는 위험보험료와 부가보험료, 즉 사업비 등이 포함되어 있어서 7년 이내에 중도해지한다면 납입한 보험료보다 적은 해약환급금을 받을 수 있다. 보험상품이나 투자실적 등에 따라 다르기는 하지만 가입 후 1년 이내에 해약한다면 납입한 보험료의 40~70%밖에 받을 수 없다. 따라서 10년 이상을 내다보고 투자하는 긴 안목이 필요하다.

펀드를 해지하면 원금은 보장받을까?

변액보험 펀드의 과거 투자실적이 미래의 투자수익률을 보장할까? 많은 이들이 묻는 질문 중 하나다. 단적으로 말하면 광고나 자료에 나오는 수익률은 단순 참고자료일 뿐 미래의 투자수익까지 보장하지 않는다.

변액보험에 들기만 하면 보험사나 보험설계사가 알아서 펀드 선택이나 변경 등을 관리해주지 않을까? 변액보험에는 투자리스크를 피할 수 있는 펀드변경 옵션이 있다. 이로 인해 계약자는 보험사나 설계사가 알아서 관리해주리라 믿고 보험에 들 때 고른 펀드를 그대로 두는 경향이 있다. 하지만 변액보험의 투자리스크 방지 옵션, 즉 펀드변경, 분산투자, 자동재배분은 계약자 스스로 판단해 행사하는 권리이므로 계약체결 이후에도 지속적인 관심이 필요하다.

그렇다면 변액연금보험은 중도해지시 원금을 보장받을 수 있을까? 변액연금보험은 노후에 연금수령을 목적으로 가입하지만 투자실적이 악화되면 연금지급 재원, 즉 연금적립금이 부족해질 수 있다. 따라서 변액연금보험에서는 안정적인 연금지급을 위해 투자실적에 상관없이 연금 개시시점(예 65세)에서 최소한의 연금지급 재원(최저 연금적립금은 이미 납입한 보험료의 70~130% 수준)을 보증하고 있다. 그러나 이는 연금지급 개시 시점에만 해당되며, 변액연금 계약을 중도에 그만두거나 연금지급이 개시된 이후에도 향후에 지급될 연금액을 모두 보장하지는 않는다.

가족 사랑의 첫걸음, 종신보험

"10억을 받았습니다."

2007년 보험사 광고들 가운데 비호감으로 화제가 된 한 생명보험사의 종신보험 광고카피다. 남편이 죽자 아내가 기다렸다는 듯이 새로운 인생을 사는 것처럼 비치는 이 광고를 본 남성들의 정서적인 거부감이 컸다.

하지만 보험금을 둘러싼 민원이 적지 않은 요즘, 10억원이나 되는 보험금을 기꺼이 지급했다는 것은 오히려 박수받을 일이 아닐까?

죽음, 피할 수 없다면 가족을 생각하자

흔히 보험상품들 중 기본은 종신보험이라고 한다. 왜 그럴까? 사람이 일생 동안 겪는 위험들 가운데 어떤 방법으로든 막을 수 없기에 가장 두려운 것이 죽음이다. 죽음은 아무리 돈이 많은 부자라도 피할 수 없다. 종신보험은 그 죽음을 담보로 하는 보험으로, 보험 본래의 가치에 가장 충실한 상품으로 평가받는다. 그런데 최근에는 죽은 뒤에 남을 가족 걱정보다는 은퇴설계나 재테크에 더 쏠려 있어서 종신보험이 한물간 상품처럼 여기는 사람들이 많다.

이는 종신보험 판매실적만 봐도 금방 알 수 있다. 보험개발원에 따르면 종신보험은 2003년 이후로 몇년째 줄어드는 추세다. 그러다가 2006년이 되면서 조금씩 회복하고 있다. 종신보험의 재발견이라고 해야 할까.

죽음은 한 사람만의 문제가 아니다. 한 사람의 죽음은 남겨진 가족의 생계·자녀의 교육문제·빚·배우자의 노후·병원비와 장례비·상속세·유산배분은 물론 회사청산과 승계에 이르기까지 수많은 문제가 뒤따른다. 그래서 죽음은 남은 가족들에게 전혀 다른 환경에서의 시작을 의미한다.

이처럼 종신보험에 드는 목적 역시 계약자 자신이 아니라 가족을 위해서다. 사랑하는 가족을 위해 가입하는 보험이 종신보험이다. 죽음을 피할 수 있는 사람은 이 세상에 아무도 없기에 종신보험은 모든 사람들에게 필요한 상품이라고 불린다.

종신보험은 다른 금융상품들과는 다르다. 자신의 경제적인 여건에 따라 일시적으로 투자하다가 사정이 좋지 않으면 금방 거두어들이는 단기상품이 아니라 길게는 20년 넘게 붓는 장기상품이다.

종신보험에 대해 잘못 알고 있는 몇 가지

종신보험에서 말하는 사망에는 육체적 사망뿐 아니라 경제적 사망도 포함된다. 반드시 신체적으로 사망선고를 받아야만 보험금을 받는 것은 아니다. 경제활동을 하지 못할 정도의 고도장해나 질병상태도 사망으로 간주해 보험금을 주며, 시한부 인생일 때는 미리 보험금을 지급한다.

질병에 대비하기 위해 암·수술·입원 등의 각종 특약을 부과해 보장 받을 수도 있다. 또 60세 이후 치매진단을 받을 때는 사망보험금을 간병 자금으로 활용할 수 있고, 연금전환 특약을 이용해 해약환급금을 노후연 금으로 전환할 수도 있다. 돈이 급하게 필요할 때는 약관대출로 필요자 금을 마련할 수도 있다.

경제적인 문제로 중간에 보험료 납입이 힘들어지면 자동대출 납입, 감 액완납이나 연장정기제도를 이용해 보장을 계속 이어갈 수 있다. 이렇듯 종신보험에 대해 일반인들이 잘못 알고 있는 내용이 의외로 많다.

종신보험이 한 가지 상품만 있다는 생각도 그런 오해들 중 하나다. 현 재 변액유니버셜종신보험·종신플러스보험·체증형 종신보험·달러종 신보험 등 다양한 종류의 상품이 판매되고 있으며, 재정적인 상황이나 부양가족·자신의 경제적 가치·자산상속 여부·향후 보험금의 사용 용 도에 따라 설계가 이루어진다면 수백, 아니 수천 가지 상품조합이 이루 어질 수도 있다.

현재 생명보험사들이 판매중인 종신보험은 크게 보면 확정금리형, 변 동금리형, 변액종신보험으로 나뉜다. 확정금리형은 보험가입 시점의 예 정이율이 계약이 끝날 때까지 유지되는 상품으로 전통적인 종신보험 상 품이다. 변동금리형은 회사의 자산운용 수익률을 기초로 한 공시이율을 적용해 일정기간마다 적용이율이 바뀐다. 따라서 회사의 수익률이 높아 지면 고객에게 유리하지만 수익률이 낮아지면 그만큼 불리할 수도 있는 데, 다만 급격한 금리하락에 대비해 최저보증을 하고 있다. 변액종신보 험은 투자 성격을 더한 상품으로, 가입자들이 낸 보험료로 펀드를 구성 해 그 운용실적에 따라 사망보험금의 지급액이 달라지는 실적배당형 상 품이다.

납입기간 길게 하고 오랫동안 보장받자

　종신보험에 들기로 결정했다면 다음에는 무엇을 신경써야 할까? 우선 죽을 때까지 보장받는 보험 성격상 납입기간을 길게 해서 보험료를 낮추고 오랫동안 보장받도록 해야 한다.

　다음으로, 보장금액을 높이려는 욕심 탓에 무리하게 많은 금액을 가입하면 나중에 보험료가 부담될 수 있다. 따라서 자신의 경제상황에 맞추어 가입한 뒤 수입의 증가에 따라 보장을 업그레이드하는 것이 현명한 방법이다.

　아울러 각 보험사들마다 보험료를 할인받을 수 있는 다양한 제도가 있으므로 이를 활용하자. 종신보험은 장기간 들어야 하는 보험이다. 따라서 가입하려는 보험사가 재무적으로 튼튼한지, 담당 설계사 역시 직업의식이 투철한지 잘 살펴야 한다.

　끝으로, 가입 절차와 규정을 반드시 따라야 한다. 쉽게 가입한 보험일수록 나중에 보험금을 둘러싼 분쟁이 일어날 소지가 크다. 따라서 설계사가 대충 넘어가자고 해도 가입자는 꼼꼼하게 따지고 원칙을 지켜야 한다. 자필서명과 고지의무 등은 특히 그렇다.

　생명보험의 꽃이라 불리는 종신보험, 제대로 알고 보험에 들 때 가족 사랑의 큰 힘이 될 수 있다.

보험사 직원들도 꼭 드는 연금보험

최근 삼성생명 라이프케어연구소가 조사한 바에 따르면 우리나라 국민들이 가입한 보험상품은 종합건강보험이 42.1%로 가장 많고, 그 다음이 종신보험 29.9%, 암보험 29.8%, 상해보험 14.5% 등의 순으로 나타났다. 연금보험은 13.2%로 하위권에 머물렀다.

그런데 향후 가입할 의향이 있는 상품을 묻자 결과가 완전히 달라졌

향후 가입 의향 상품

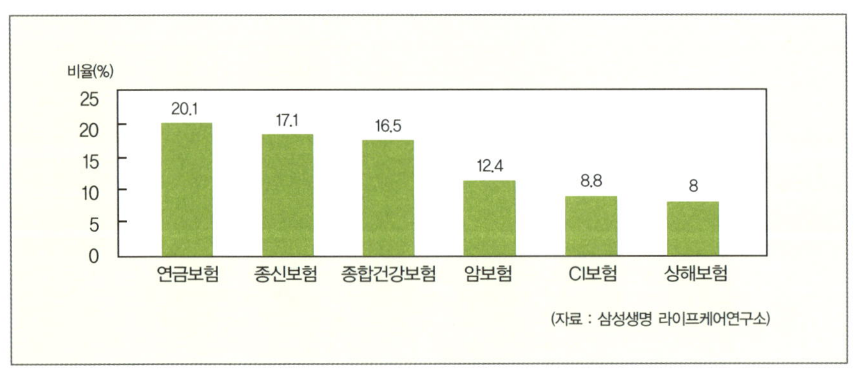

다. 연금보험이 20.1%로 가장 높았고, 다음이 종신보험 17.1%, 종합건강
보험 16.5%, 암보험 12.4% 순으로 나타났다.

 내일을 위한 오늘의 확실한 투자

연금보험은 일반적인 생명보험 상품과는 성격이 정반대다. 불의의 사
고나 예기치 못한 죽음에 대비해 보험에 드는 것이 일반적이라면, 연금
보험은 오래 살 위험에 대비하는 상품이다.

연금보험은 현재 자신의 경제적인 능력 가운데 일부를 적립해두었다
가 경제활동이 중단된 노후에 연금으로 필요한 생활자금을 활용하는 보
험상품이다.

그래서 연금보험은 연금지급 개시 전의 위험보장기간(제1보장기간)과
연금지급기간(제2보험기간)으로 구분된다. 제1보험기간에는 질병·상
해 등 위험보장 혜택을, 제2보험기간에는 경제적 안정과 세제혜택을 받
을 수 있다.

 내 연금은 종신형인가 확정형인가?

또 연금지급 방법에 따라 보험대상자(피보험자)가 생존시 평생 동안
지급되는 종신연금형과 연금지급기간을 확정해 지급하는 확정연금형,
생존기간에는 석립금의 이자만 지급하는 상속연금형, 연금개시 전에 계
약자가 2개 이상의 급부를 선택할 수 있는 혼합연금형 등이 있다.

세제혜택에 따라 적격연금과 비적격연금으로 나뉘기도 한다. 적격연

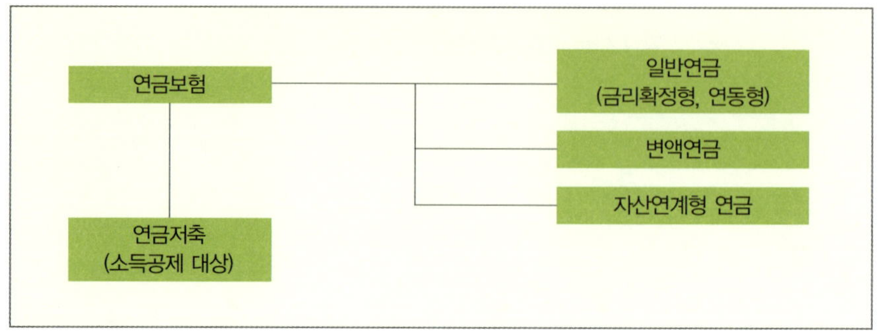

금은 납입보험료에 대해 퇴직연금을 포함해 연간 300만원까지 소득공제 혜택을 받을 수 있다. 이 때문에 직장인 등 급여생활자에게 유리하다. 하지만 중도에 해지하면 해지가산세가 부과되는 부담이 있다. 비적격연금은 소득공제 혜택은 없지만 10년 이상 유지하면 보험차익에 비과세 혜택이 있고, 한꺼번에 보험료를 납입할 수 있어 저축을 목적으로 한 재테크 수단으로 활용할 수 있는 장점이 있다.

이밖에도 최근에는 가입 즉시 노후생활연금을 받을 수 있는 즉시연금보험도 있고, 연금지급액이 투자실적에 따라 변하는 변액연금도 판매되고 있다.

이처럼 연금보험이라고 해서 단순히 한두 가지 상품으로 구성된 것은 아니다. 자신의 경제적인 환경과 노후생활 계획에 맞추어 다양하게 고를 수 있으므로 차분히 검토한 뒤 가입 여부를 결정하자.

자신의 나이와 경제능력에 따라 선택해야

연금보험을 선택할 때는 노후생활자금이 얼마나 필요한지 따져야 한다. 국민연금이나 퇴직연금 등 예상되는 수입을 합한 것과 생활자금을 비교한 뒤 생활자금보다 적은 금액만큼 연금보험에 가입한다.

아울러, 보험기간 및 납입기간이 길어 계약을 유지하기가 쉽지 않을 수 있고, 중도에 해약할 때 저축성 보험의 장점인 복리의 효과를 얻을 수 없을 뿐 아니라 원금이 손실될 수 있다. 따라서 현재의 경제능력에 맞추어 보험상품을 골라 만기까지 이어가야 한다.

어떤 형태의 상품에 들지를 결정하는 것도 중요한 포인트다. 투자성향이 보수적인 40, 50대라면 일반 연금보험에 들고, 투자손실까지 감수할 수 있는 20, 30대라면 변액연금보험을 검토해볼 만하다. 아울러 일찍부터 연금을 받으려면 50세 이전 연금개시형이 좋고, 나이가 들어서도 소득이 충분하다면 연금 개시 시점이 되도록 늦은 상품이 좋다.

 중도인출과 보장 관련 특약도 따져보라

연금지급 방법도 중요한 선택기준이 된다. 앞서 밝혔듯이 죽을 때까지 연금을 계속 지급하는 종신연금형, 일정기간 동안만 연금을 지급하는 확정연금형, 생존시 연금을 받다가 사망시 유가족에게 목돈을 물려주는 상속연금형 등을 잘 따져봐야 한다.

또한 본인의 재테크에 편리하도록 긴급자금이 필요할 때 중도인출제도가 있는지, 여유자금이 있을 때 연금을 더 받기 위해 별도의 보험료를 추가 납입할 수 있는 제도가 있는지도 살펴봐야 한다.

보장 관련 특약도 마찬가지다. 연령이 오를수록 질병에 걸릴 확률 역시 높아진다. 따라서 보장 관련 특약을 골라 사망·재해·질병 등을 한꺼번에 보장받는 방식도 알아두면 유용하다.

　끝으로, 연금보험은 장기상품이므로 들고자 하는 보험사를 잘 따져보는 자세가 요구된다. 오랜 시간이 지난 뒤에도 연금을 안전하게 지급해 줄 수 있는 회사인지는 어떤 상품을 고를지 여부 못지않게 중요하다.

보험 속에 절세의 비밀 있다

매년 연말부터 연초까지 많은 사람들의 관심은 연말정산에 쏠린다. '13월의 월급'이라는 표현처럼 연말정산으로 많은 돈을 환급받는 사람들도 있고, 오히려 자기 월급에서 더 나가기도 한다. 연말정산은 같은 돈을 쓰더라도 어떻게 쓰느냐에 따라 되돌려 받을 수 있는 길이 달라지기 때문이다. 이는 보험의 경우에도 마찬가지다. 보험만 잘 활용해도 많은 돈을 되돌려받을 수 있다.

그래서 보험을 통한 절세 방법을 알아보았다. 이를 통해 소득공제 항목을 잘 챙기고 자신에게 맞는 비과세상품을 잘 선택한다면 세테크를 맛볼 수 있을 것이다.

 ## 세테크의 줄발은 소득공제

소득공제는 보험을 통한 세제혜택의 첫 출발이다. 하지만 모든 보험상

품이 소득공제가 되는 것은 아니다. 가장 대표적인 소득공제 상품은 보장성 보험으로, 소액의 보험료를 내고 사망·질병·장해·상해·입원 등의 보장을 받는 상품을 말한다.

대표적인 상품으로는 종신보험·치명적 질병보험(CI)·자동차보험·어린이보험·여행자보험·화재보험·통합보험·상해보험·건강보험 등이 있다. 이들 보장성 보험은 연간 납입한 보험료 중 최고 100만원까지 소득공제할 수 있다.

또한 연금보험이나 퇴직연금 등 연금 관련 상품들도 소득공제할 수 있다. 특히 2000년 12월 31일까지 판매한 구(舊)개인연금보험에 들었다면 연간 납입보험료 중 40%(72만원 한도)까지 소득공제 혜택이 있는 데 비해 2001년 1월부터 판매한 연금저축손해보험이나 신(新)개인연금보험은 연간 납입보험료 전액(300만원 한도)을 공제받을 수 있다.

2005년에 도입된 퇴직연금 가운데 확정기여형(DC)도 근로자가 부담한 내역에 대해서는 소득공제할 수 있으며, 저축성 보험 가운데 보장 부분도 소득공제된다. 이와 함께 장애인전용 보장성 보험에 들어 보험료를 납입했다면 추가로 연 100만원 한도로 소득공제해준다.

비과세상품, 해지 시기도 중요

소득공제는 아니지만 보험차익에 따른 비과세 혜택도 챙겨볼 만하다. 특히 보험차익은 저축성 보험에서 주로 발생한다. 저축성 보험은 보험계약자가 낸 보험료의 총합보다 만기에 받는 보험금이 더 많은 보험상품을 말하는데, 연금보험이 대표적이다.

보험차익은 만기보험금에서 납입보험료를 뺀 잔액을 뜻하며, 이를 일종의 이자소득으로 봐서 세금을 매긴다. 그런데 10년 이상 유지하면 보험차익을 전액 비과세하므로 소득공제 못지않은 혜택을 누릴 수 있다.

장기주택마련저축보험도 이런 면에서 매력적이다. 장기주택마련저축보험은 18세 이상 세대주로서 무주택자거나 전용면적 85㎡ 이하의 1주택 소유자가 들 수 있는 상품으로, 연간 납입금액의 40%(연간 금융기관 합산 300만원 한도)에 대해서는 소득공제 혜택이 주어지고, 7년 이상 유지할 때는 이자소득세가 비과세된다.

하지만 5년 이내에 해지한다면 해지추징세를 부과한다는 점을 명심해야 한다. 해지추징세는 1년 이내에 해지할 때 8.8%(연간 60만원 한도), 1년 이후에 해지할 때는 4.4%(연 30만원 한도) 부과된다. 단, 사망·해외이주·천재지변·계약자 퇴직 및 사업자 폐업·3개월 이상의 입원을 요하는 상해 등에는 면제해준다.

❓ 내 보험은 세제혜택이 될까?

앞에서 언급한 연금보험 가운데는 소득공제 혜택이 주어지는 세제적격 연금보험과 세제혜택이 없는 세제비적격 연금보험이 있다.

세제적격 상품은 소득공제 혜택이 있지만 연금을 받을 때는 5.5%의 연금소득세를 부과하고, 다른 연금소득과 합산해 600만원을 초과할 때는 종합소득 신고를 해야 한다는 점을 알아두어야 한다. 또한 5년 이내에 중도해약할 때는 보험차익에 따라 해지가산세(총 납입액의 2.2%)를 내야 하고, 5년 이후 해지할 경우에는 해약환급금의 22%를 기타소득세로 거두어들인다.

이에 반해 세제비적격 연금보험은 소득공제 혜택은 없지만 10년 이상 유지할 경우 이자소득세가 면제되는 장점이 있다. 만약 10년 이내에 중도해지한다면 보험차익에 15.4%의 이자소득세가 과세된다.

보험전문가들은 소득이 많고 납입기간이 길다면 환급액의 총액이 높은 세제적격 상품이 유리하고, 목돈마련이 목적이라면 비적격상품이 유리하다고 지적한다. 따라서 자신의 직업과 급여, 향후 근무할 수 있는 기간 등을 잘 따져본 뒤 적절한 상품을 찾아야 한다. 참고로 세제적격 상품은 생명보험사, 손해보험사, 제1금융권에서 판매하지만 세제비적격 연금은 생명보험사에서만 판매하고 있다.

이밖에 회사가 직원들을 위해 단체보험에 가입했다면 법인세 혜택도 받을 수 있다. 회사가 낸 보험료 가운데 일정금액까지 경비로 회계처리해 전액 손금산입할 수 있는 것이 대표적이다.

보험에 주어지는 세제혜택은 기본적으로 장기납입을 전제로 한다. 따라서 중도에 계약을 해지한다면 오히려 불이익을 당하는 일이 일어날 수 있음을 반드시 명심해야 한다.

　보험은 지금 당장의 필요보다는 훗날 예상하지 못한 위험을 대비하기 위한 상품이다. 그런데 불행하게도 대부분의 보험은 가입시기를 늦출수록 보험료가 올라간다. 그렇다고 경제적인 여유가 없으면서도 무리하게 가입하는 것도 올바르지 않다. 특히 요즘같이 어려운 경제여건 속에서는 능력과 나이, 건강 그리고 가족 구성원 등을 종합적으로 판단해 자기에게 맞는 상품을 골라야 한다.

직업 따라 보험설계도 달라진다

　우리 사회에서 재테크는 이제 선택이 아닌 필수로 여겨지고 있다. 자산규모가 큰 VIP 고객은 금융기관에서 위험관리·투자실계·부동산실계·세금설계·은퇴설계 등 종합적인 자산관리를 해준다. 하지만 월급이 전부인 직장인들은 생활비와 자녀교육자금은 물론 향후 노후자금 등을 스스로 설계해야 한다.

뿐만 아니라 혹시 모를 위험에도 대비해야 한다. 보험은 조기사망·장기생존·치명적인 질병 등 각종 위험에 노출되어 있는 직장인들이 위험을 대비할 수 있는 가장 손쉬운 방법이다. 특히 종신보험은 가장의 사망과 중대한 질병에 대비하는 데 기본이 되는 상품이다.

직장인이 아닌 고소득 전문직 맞벌이 부부는 어떨까? 이들은 소득이 높고 현금 흐름이 좋은 반면에 자녀를 위한 교육비 지출이나 생활비 규모가 커 부부 중 한 사람이 죽거나 중대한 질병으로 경제활동을 계속하지 못할 때는 경제력 상실 강도가 훨씬 더 커진다. 그래서 보험전문가들은 고소득자일수록 일반적인 직장인에 비해 종신보험 가입 필요성이 더욱 높다고 지적한다.

또한 고소득 전문직은 상속문제가 생기기 쉽다. 따라서 향후 상속과 자금출처조사 등에 근거를 남기기 위해서라도 수입과 지출을 각자 관리하는 것이 효율적이다. 아울러 종신보험을 설계할 때 보험료 납입자와 피보험자인 보장대상자를 서로 다르게 해야 한다.

자영업자들의 경우 세금이 골칫거리라면 절세할 수 있는 방안을 강구해보자. 먼저, 세제적격형 연금이 있으면 계속 이어가야 한다. 이미 든 구개인연금이 있다면 매년 180만원을 납입해 납입금액의 40%인 72만원을 소득공제받을 수 있고, 신개인연금은 연간 300만원을 납입하면 최고 115만 5,000원을 절세하는 효과가 있다.

또한 자영업자들은 고수익을 위한 변동성이 큰 금융상품보다는 가급적이면 상대적으로 안정적인 금융상품의 비중을 늘려야 한다. 사업은 잘될 때도 있고 어려울 때도 있다. 따라서 지나치게 변동이 심한 상품을 고르면 부담이 될 수 있다.

직장 새내기, 재테크에 맞는 보험을

직장인들이라면 근무경력에 따라 직급이 달라진다. 단순히 직급만 달라지는 것이 아니다. 이 과정에서 나이들고 가정도 이루는 것이 보편적이다. 따라서 나이에 따라, 직장 새내기와 임원의 보험가입이 같을 수 없음은 당연하다.

보통 20대 중·후반의 남녀는 직장 새내기거나 평사원으로 급여가 많지 않고 급여 대부분을 저축보다는 지출에 쓴다. 보험전문가들은 이때부터 재테크에 관심을 가져야 한다고 강조한다. 대부분 미혼인 점까지 감안한다면 결혼자금 등 목돈 마련을 위한 저축성 보험을 생각해볼 수 있다. 가령 분기당 300만원까지 들 수 있는 장기주택마련저축보험은 보험 유지기간이 7년 이상이라면 이자소득이 비과세된다.

20대와는 달리 30대 초반의 남성들이나 30세 전후의 여성들은 회사생활이 바빠지고 가정을 이루어 새로운 삶이 시작되는 시기다. 가족 부양의 책임을 느끼기 시작하는 시기인만큼 보험 가입 1순위로 종신보험이 최우선이다. 종신보험을 들 때는 보장기간을 길게 하고 가족 구성원 전체의 재정을 따져 가입금액을 결정해야 한다.

또한 이 시기에는 주 소득원인 남성이 종신보험·정기보험·재해사망보험 등에 가입하고, 여성은 질병보험·건강보험 등을 우선 가입하도록 한다. 아울러 임신했다면 태아보험에 들어 출산과 신생아 때 있을지 모를 질병 등의 불안감을 해소하는 것도 좋은 방법이다.

직급이 오를수록 보험도 달라진다

일반 남성이라면 30대 후반, 여성이라면 30세 중반에 과장자리에 오른다. 이때는 직장생활도 안정되고 자녀도 생기면서 내 집 마련이 본격화된다. 종신보험에 들어 있다면 2순위로 나와 가족을 위한 민영 의료보험이나 건강보험에 가입하자. 보험료 부담이 적은 편이지만, 보험전문가들은 각종 질환에 충분하게 보장받기를 원한다면 월 10만원 이상의 보험료가 필요하다고 충고한다. 보장기간도 80세 정도지만 최근에는 100세까지 보장하는 상품이 나오고 있으므로 보장기간도 충분히 따져봐야 한다.

민영 의료보험의 경우 생명보험은 정액형이 주를 이루고, 손해보험은 실제 손해를 보상하는 실손형 상품이 많다는 점도 알아두어야 한다. 최근에는 생명보험사들도 실손형 민영 의료보험 상품을 출시하고 있어서 장·단점을 잘 비교해야 한다. 자녀들을 위해서는 어린이보험에 관심을 가져볼 만한 때다.

차장급이라면 이제 보험 1, 2개 정도는 기본적으로 가지고 있다. 어느 정도 급여를 받고 있지만 소비지출이 많은 때라 보험 가입에 여유가 많다고 보기는 어려운 시기다. 남녀 모두 40대 초반이거나 40세 전후인 이 시기에는 고령화와 노후를 대비한 연금보험, 특히 단기상품보다는 종신

직장인 직급별 보험 가입 시점 예시

	사원	대리	과장	차장	부장 이후
저축성 보험	———————→				
종신/CI보험	——————————————————→				
태아보험		————→			
어린이보험		————————————→			
연금보험		——————————————————————→			
실버/장기간병보험				————→	

토록 연금을 수령하는 종신형 연금보험에 들자. 늦은 나이를 감안하면 월 보험료는 최소한 50만원 이상을 해야 도움이 될 수 있다.

40대 후반부터 50대 사이의 남성이나 40대 중반 이후의 여성으로 부장 직급 이상이라면 노년기 치매나 질병에 대비하는 실버보험이나 장기간 병보험 등을 생각해볼 수 있다. 이 시기가 지나면 보험 가입 자체가 거절 될 수도 있고 가입할 수 있다고 해도 보험료가 매우 높아질 수 있기 때문 이다. 또한 퇴직금 등 일시금으로 노후를 준비하려고 한다면 생명보험사 의 일시납 즉시연금 상품도 괜찮다.

통합보험, 묶을수록 혜택도 많아

TV 채널은 너무 많아도 고민스럽다. 막상 보려고 해도 마땅한 채널을 찾기 어렵다. 보험상품도 종류가 많다. 그래서 소비자들은 혼란스럽기만 하다. 상품은 많은데 막상 고를 때면 조금씩 다르기도 하고 비슷해 보인다. 그렇다고 필요한 보험을 따로따로 다 들자니 번거롭기도 하고 주머니 사정도 녹록지 않다. 그래서 이를 위해 만들어졌으며, 최근 인기를 끌고 있는 보험상품이 통합보험이다.

2008년 8월을 뒤흔든 혈투

2008년 8월 28일, 삼성생명이 야심찬(?) 자료 하나를 각 언론사에 보냈다. 그동안 손해보험사에서만 판매하던 통합보험을 생명보험업계 최초로 출시한다는 내용이었다. 쉽게 말하면 사망 · 치명적인 질병 · 장기간에 이르는 질병 · 병원비 등 생명보험의 다양한 상품을 단 하나의 보험증권으로 묶어서 보장한다는 것이다. 또한 본인을 포함해 배우자와 자녀까지 가족 구성원 전체를 통합할 수 있는 기능도 선보였다. 삼성생명이 내놓은 통합보험은 고객 한 명이 여러 가지 보험에 들거나 가족들이 따로따로 보험에 드는 번거로움을 해결한 상품이었다. 삼성생명은 이를 위해 1년여 동안 준비해왔다고 강조했다.

그런데 이날 묘한 상황이 연출되었다. 경쟁사인 모 생명보험에서도 비슷한 시간대에 자료를 발표했다. 통합형 보험상품을 새로 출시했다는 내용이었다. 이 회사도 1건 가입으로 사망·생활·의료비·종합설계가 될 뿐만 아니라 본인과 배우자, 자녀 2명까지 세대통합 보장설계도 할 수 있다고 했다. 대신 '통합보험'이라는 표현 대신 '통합형 보험'이라고 설명했다.

삼성생명 측은 화가 났다. 자신들은 1년여 동안 준비하고 이를 위한 시스템 개발까지 마친 뒤 야심차게 신상품을 출시했는데 경쟁사가 갑자기 기존상품에 몇 가지 특약을 더 얹어주는 등, 손 안 대고 코 푼 격이라고 반격했다.

양측의 설명과 해명이 이어졌다. 삼성생명 측은 자신들이 출시한 상품이 비슷한 특약을 하나로 묶어서 판매하는 통합형과 질적으로 다르다고 설명하느라 애를 먹었다. 하지만 며칠 뒤 삼성생명은 이 상품의 창의성을 인정받아 3개월 동안 다른 보험사들이 베끼기 판매를 할 수 없도록 하는 배타적 사용권을 획득했다. 삼성생명의 한판승이었다.

❓ 통합보험이란 무엇인가?

그런데 통합보험은 사실 생명보험이 아니라 손해보험업계의 대표상품이다. 암보험·배상책임보험·자동차보험 등 여러 개의 보험을 따로따로 드는 것이 아니라, 하나의 보험증권을 통해 보장받을 수 있는 상품이다. 우리나라 4인 가족은 대부분 평균 4, 5건의 보험에 가입하고 있다. 이 중 대부분은 자동차보험·운전자보험·종신보험·암보험·자녀보험 등으로 따로따로 구성되어 있는데, 통합보험은 이를 하나의 상품과 각각의 특약으로 묶어 모든 위험을 종합보장한다.

각각 가입할 때보다 가격도 20~30%가량 싸고 보험금 청구도 한 번에 해결된다. 그래서 소비자 반응도 좋고, 보험사 입장에서도 관리하기가 편하다.

이런 이유로 통합보험은 2003년 12월, 삼성화재에서 처음 출시한 뒤 다른 보험사들도 뛰어들어 현재까지 총 10개의 손해보험사에서 판매하고 있다. 통합보험은 판매를 시작한 지 5년만에 매출액이 4조원을 돌파하는 등 손해보험업계의 대표상품으로 자리매김했다.

통합보험, 꼼꼼히 따져야 혜택도 많다

통합보험은 가격도 저렴하고 보장도 다양해서 장점이 많지만 그렇다고 주의할 점이 없는 것은 아니다.

먼저, 통합보험은 가입시 보장내용뿐만 아니라 보험기간과 납입기간까지 꼼꼼하게 살펴야 한다. 보장내용이 다양하지만 더 나은 보장을 받을수록 보험료 부담이 커질 수 있기 때문이다. 특약의 경우 보험기간이 60세까지인지 80세인지, 또 납입기간이 10년인지 20년인지를 정확하게 따져 현재 본인의 경제상황에 맞게 가입해야 한다. 보험기간이 길수록, 그리고 납입기간이 짧을수록 보험료는 올라간다.

아울러 손해보험사 통합보험은 상해나 질병·사고시 치료비를 실제 손해만큼 보장해준다. 즉 여러 개의 보험에 중복가입했더라도 실제 손해액만 보상한다.

의료실비에 관련된 특약은 5년이나 3년 만기 자동갱신 특약으로 구성되어 있다. 따라서 자동갱신될 때 보험료가 바뀔 수 있다는 점도 알아두어야 한다. 이때 보험가입 거절사유에 해당할 수 있으므로 반드시 약관을 확인해두자.

그리고 통합보험은 일반보험과 달리 가입 후에도 특약을 추가하거나 뺄 수 있으므로 이를 잘 활용해야 한다. 이혼이나 자녀의 결혼 등 가족구성원에 변화가 있을 때가 여기에 해당된다.

마지막으로, 통합보험은 각각의 담보나 기간에 따라 보장금액이 다르고, 가족이 함께 드는 예가 많다. 따라서 자칫하면 필요하지 않은 보장까지 들어 경제적인 부담만 늘 수 있다. 따라서 반드시 보험전문가와 상의한 뒤 꼭 필요한 보장을 중심으로 설계하자.

　지난 2008년 여름, 국내 대형 생명보험사들이 실손형 의료보험 상품을 출시하면서 생명보험업계와 손해보험업계의 경쟁이 치열해지고 있다.

　민영 의료보험의 한 영역인 실손형 의료보험 시장이 커지면 민영 의료보험 시장 역시 확대되리라는 관측이 우세하다. 이 때문에 일부에서는 실손형 의료보험 시장 확대가 국민건강보험의 보장성을 줄이는 결과로 이어지지 않을까 우려하고 있다.

13조원 시장에 뛰어드는 민영 의료보험사들

　현재 우리나라는 공보험인 국민건강보험을 중심으로 사보험인 민영 의료보험이 국민건강보험을 보완하는 구조로 되어 있다. 공보험인 건강보험은 1977년에 도입되어 전 국민이 의무적으로 들어야 한다. 이에 반해 사보험인 민영 의료보험은 1963년부터 시작해 원하는 사람이 개별적으로 가입할 수 있다. 건강보험이 현재 국민 총의료비 지출의 60%를 차지하고 있고, 나머지 40%를 민영 의료보험이 담당하고 있는 구조다.

국민건강보험이 보장하는 부분을 급여부분, 보장하지 않는 부분을 비급여부분이라고 부른다. 이 가운데 급여부분을 건강보험공단과 환자가 함께 부담(본인부담금)하고, 비급여부분은 환자가 전액 부담한다. 현재 보험사들이 판매하고 있는 상품은 바로 급여부분의 본인부담금과 나머지 비급여부분을 대상으로 하고 있다.

2005년 기준으로 볼 때 건강보험공단이 지급한 법정급여액은 전 국민 의료비 지출액 중 61.8%인 20조 5,000억원, 법정급여 본인부담액이 7조 5,000억원(22.5%), 나머지 비급여 본인부담액이 5조 2,000억원(15.7%)으로 집계되었다.

건강보험 체계

의료비		
급여		비급여
공단 부담	본인 부담	본인 부담
국민건강보험 영역	실손형 의료보험 영역	

결국 민영 의료보험 시장은 본인부담금 7조 5,000억원과 비급여 본인부담액 5조 2,000억원을 합친 13조원가량 되는 엄청난 시장이다. 그래서 생명보험사들과 손해보험사들이 이 시장에서 치열하게 경쟁하고 있다.

 치열해진 민영 의료보험 시장

민영 의료보험은 국가에서 운영하는 의무보험인 국민건강보험과는 별도로 민영 보험사에서 판매하는 보험상품이다. 민영 의료보험에 든 소비자들은 건강보험 외에 질병이나 상해로 인한 진료비·수술비·입원비 등의 의료비를 보장받을 수 있다.

민영 의료보험은 보장 형태에 따라 본인이 실제로 부담한 의료비를 보상하는 '실손형 보험'과 의료비 규모에 관계없이 미리 약정한 금액을 지급하는 '정액형 보험'이 있다.

그동안 국내에서는 손해보험사들이 실손형 보험을 취급해왔고, 생명보험사들은 정액형 보험을 주로 판매해왔다. 그런데 사정이 달라졌다. 생명보험사들이 실손형 의료보험 시장에 본격적으로 뛰어든 것이다. 삼성생명·대한생명·교보생명 등 주요 생명보험사들이 연달아 실손특약 상품을 판매하고 있고, 다른 중·소형 보험사들 역시 실손형 의료보험 시장에서 경쟁중이다.

생명보험사들이 내놓은 실손형 의료보험 상품은 국민건강보험에서 보장하지 않는 의료비를 실제 들어간 액수만큼 지급하는 구조다. 따라서 손해보험사들의 기존 상품과 기본 골격은 비슷하다. 하지만 꼼꼼히 따져보면 두 상품은 보험금 지급내역 등에서 상당한 차이가 난다. 소비자들의 주의가 요구되는 대목이기도 하다.

생명보험사 상품은 종신보험이나 치명적인 질병을 보장하는 CI보험 등에 특약 형태로 들 수 있다. 이는 손해보험들도 유사하다. 여러 가지 보험을 하나로 묶은 통합보험에 특약 형태로 실손의료비 보험이 부가된다. 결국 주보험의 보장범위와 이를 보완해주는 실손특약의 궁합이 잘 맞을 때 최상의 의료보장 서비스를 받을 수 있다.

특약이 다르면 혜택도 다르다

생명보험사들은 기본이 되는 주계약에서 손해보험사들의 상품보다 우위가 있다고 주장한다. 반면에 손해보험사들은 특약이 다양하므로 소비자들의 필요에 맞는 맞춤형 설계를 해줄 수 있다고 강조한다.

실손특약도 차이가 크다. 손해보험 상품은 실제 비용을 모두 보장해주는 데 반해 생명보험 상품은 80%만 보장한다. 보험금 청구가 남발되는 것을 막으려고 비용의 20%는 가입자가 부담하도록 하는 '코페이먼트(co-payment)' 방식을 채택했기 때문이다.

보험금 지급한도는 비슷하다. 입원의료비는 생명보험의 경우 연간 3,000만원, 손해보험은 질병이나 사고당 3,000만원이 일반적인 한도다. 여러 질병에 걸리거나 사고가 반복된다면 손해보험 상품이 더 유리하다는 의미로 해석될 수 있다.

이에 반해 생명보험사는 같은 질병으로 장기간 치료가 필요로 할 때

생명보험과 손해보험의 실손형 의료보험 비교

구분	생명보험 실손형	손해보험 실손형
입원의료비	• 80% 보장 • 법정본인부담금＋비급여 • 연간 3,000만원 한도	• 100% 보장 • 법정본인부담금＋비급여 • 1사고당 3,000만원 한도 • 1사고당 365일 한도(단, 최종 퇴원일로부터 180일 경과 후 새로 개시한 입원은 보상)
통원의료비	• 80% 보장 • 1회당 자기부담금 5,000원 • 1회당 10만원 한도 • 연간 180회 한도	• 100% 보장 • 통원 1일당 자기부담금 5,000원 • 1시고당 30일 힌도 • 통원 1일당 10만원 한도(통원 1일당 20만원 한도 별도상품 판매중)
처방조제비	• 80% 보장 • 1회당 자기부담금 3,000원 • 1회당 5만원 한도 • 연간 180회 한도	

유리하다. 왜냐하면 손해보험 상품은 질병이나 사고가 났을 때 365일 한도가 정해져 있기 때문이다. 1년간 입원치료를 마치고 퇴원하면 최종 퇴원일로부터 180일이 지난 뒤에야 다시 1년간 보장받을 수 있는 구조여서 공백이 생길 수 있다.

통원치료비는 생명보험이 1회당 10만원, 손해보험은 1일당 10만원(일부 손해보험사들은 통원 1일당 20만원을 지급하는 상품을 별도로 판매 중)이다. 아울러 생명보험은 연간 지급한도가 180회지만 손해보험사는 1사고당 지급한도가 30일로 차이가 있다.

처방조제 역시 통원치료비와 비슷하다. 생명보험사는 1회당 지급한도가 5만원(공제금 3,000원)이며, 연간 합산 180회를 넘지 못한다. 반면에 손해보험사는 1일당 지급한도가 10만원(공제금 5,000원)에 사고당 30일이 한도다.

이밖에 해외에서 사고나 질병으로 치료를 받을 때 생명보험은 보장되지 않지만 손해보험 특약은 총액의 40%까지 보상할 수 있고, 무사고 갱신 때 생명보험사는 보험료 중 10%를 할인해주지만 손해보험사는 할인 혜택이 없다.

민영 의료보험 활성화, 무엇이 문제인가?

그런데 왜 보험업계 안팎에서 논란이 커지고 있을까? 논란의 핵심 중 하나는 정액형과 실손형 의료보험에 중복가입했을 때 나타날 수 있는 이중혜택 문제였다. 실손형은 실제 들어간 의료비만큼만 지급된다. 그 이상을 초과해서 주는 일은 없다. 즉 여러 보험사에 동시에 들었더라도 지급금액은 총의료비를 넘지 않는다.

하지만 정액형 보험과 실손형 보험을 함께 들었다면 사정이 달라진다. 정액형으로 진단비를 받은 뒤 실제 들어간 의료비를 다시 실손형으로 보장받을 수 있다. 이 같은 구조가 계속된다면 보험사의 재정은 악화되고 보험료가 올라갈 것이다. 이는 결국 다른 보험 가입자들의 혜택을 줄이거나 보험료를 인상하는 결과를 낳을 수 있다.

또 다른 논란은, 실손형 의료보험을 포함한 민영 의료보험 시장의 확대가 공적 보험인 국민건강보험의 위축으로 이어질 수 있다는 우려였다. 의료 관련 시민단체들은 "생명보험사의 실손시장 진출은 돈 있는 사람들이 건강보험보다 민영보험에 더 관심을 갖는 의료양극화를 추래할 것"이라며 불안해하고 있다. 이에 반해 보험업계에서는 국민건강보험과 민영 의료보험이 상호 보완적으로 운영되고 있어 우려할 일이 아니며, 건강보험의 재정 악화와 민영 의료보험의 활성화 역시 직접적인 관련이 없다고 주장하고 있다.

의료 관련 시민단체들과 보험업계의 입장 차이가 너무 커 논란은 한동안 가라앉지 않을 것으로 보인다. 솔로몬의 지혜가 요구되는 시점이다.

민영 의료보험에 들 때 유의할 점

다른 보험도 그렇지만 민영 의료보험 역시 약관 등을 꼼꼼히 살펴보지 않고 사인할 경우 여러 가지 민원이 생길 소지가 크다. 이 때문에 2007년 연말, 금융감독원은 민영 의료보험 가입시 유의사항을 소개했다. 손해보험협회에서도 별도의 안내책자를 제작해 민영 의료보험에 들 때 유의할 점을 알려주고 있다.

먼저, 갱신형 상품이라면 갱신거절 사유 및 보험료 인상 등에 유의해

계약 전 알릴 의무 사항

현재 및 과거의 질병
• 최근 3개월 이내 진단 또는 입원, 수술 등 치료 내역 여부 • 최근 5년 이내 입원, 수술, 정밀검사, 7일 이상 치료 또는 30일 이상 투약 여부 • 최근 5년 이내에 암 등 10대 중대 질병*으로 인한 치료 여부   * 암, 백혈병, 고혈압, 협심증, 심근경색, 심장판막증, 간경화증, 뇌졸중, 당뇨병, 에이즈 • 임신 여부

현재의 장애상태
• (기능적 장애) 눈, 코, 귀, 언어, 씹는 기능, 정신 또는 신경기능의 장애 여부 • (신체적 장애) 팔, 다리, 손, 발의 손실 및 척추변형 등 외관상 신체장애 여부

외부환경
• 직업, 운전 여부, 위험도가 높은 취미활동 영위 여부 • 다른 보험사의 생명보험 또는 (장기)손해보험 가입 여부

기타
• 부업 여부, 해외 위험지역 출국 예정 여부 • 거주환경 및 월소득, 음주 및 흡연 여부, 체격 등

야 한다. 보험사는 리스크관리 차원에서 실손형 상품은 주로 갱신형을 판매중이다. 갱신형 상품이란 최초가입 후 계약당사자가 별도의 의사표시가 없다면 일정기간(1~5년)을 주기로 해당계약이 자동 갱신되는 상품을 말한다. 보험사들 대부분이 약관에 갱신거절 사유를 명시하고 있으므로 이를 잘 살펴봐야 한다.

가령 실손의료비 누적보험금이 1억원을 넘거나 암, 뇌졸중, 급성심근경색 등 3대 특정질병 진단 확정시가 여기에 속한다. 즉 보험금으로 1억원 이상을 받았거나 특정질병에 걸린 사람은 갱신하기가 어렵다. 아울러 가입자의 연령 증가, 의료수가 상승 및 위험률(질병발병률) 상승 등에 따라 갱신할 때 보험료가 오를 수 있다는 점도 알아두어야 한다.

보험 가입자는 보험사가 청약서상 질문한 내용에 반드시 사실대로 답해야 하며, 허위 또는 부실하게 알렸다면 계약이 해지되거나 보장이 제한될 수 있다. 이를 '고지의무'라고 한다. 그런데 설계사에게 말로 알리는 것은 법적으로 인정받지 못하므로 반드시 청약서를 작성해야 한다.

보험 약관상 면책조항인, 보험금을 주지 않는 사고 항목을 확인하는 것도 중요하다. 대표적인 면책사유에는 고의적인 보험사고, 미모를 위한 성형수술 및 한약재 등의 보신용 약재 구입비용, 정상분만 및 제왕절개 수술 등이 있다.

최근 보험사들 대부분이 유방암이나 갑상샘암 등 상대적으로 조기진단이 쉬운 일부 암의 경우 보상한도를 축소한 상품을 판매하고 있다. 따라서 보험금 지급 최고한도를 확인하고, 암보험의 보장범위를 확실히 알아두어야 한다. 암보험이나 치명적인 질병 보험 등은 책임개시일이 있어서 가입 후 일정기간(암보험은 90일)이 지나야 효력이 발생한다는 점도 반드시 기억해야 한다.

홈쇼핑 보험, 정말 믿어도 될까?

요즘 TV를 보면 혼란스러울 때가 하루이틀이 아니다. 채널이 너무 많아 좋은 프로그램을 고르는 일도 쉽지 않다. 최근 몇 년 동안 보험업계의 새로운 시장으로 각광받아 온 홈쇼핑 보험도 마찬가지다.

홈쇼핑 보험은 TV를 보면서 보험을 고를 수 있다는 점, 일반 보험에 비해 상대적으로 저렴한 보험료 등으로 인기를 끌었다. 하지만 최근에는 각종 보험민원의 주범으로 인식되기도 한다.

 갈수록 증가하는 홈쇼핑 보험들

인터넷이나 홈쇼핑·전화 등으로 보험에 가입하는 것을 통틀어 다이렉트보험이라고 한다. 이를 비대면채널이라고도 부른다. 비대면채널은 설계사가 소비자를 찾아가 얼굴을 맞대고 보험 가입을 권하는 대면채널과 반대되는 용어다.

홈쇼핑에서의 보험 판매는 2003년에 처음 등장해 지금은 21개 보험사가 홈쇼핑 채널로 보험을 판매하고 있다. 소비자의 선택폭이 그만큼 넓어졌다.

홈쇼핑 채널로 판매되는 상품도 어린이보험 · 건강보험 · 암보험 · 저축보험을 비롯해 매우 다양하다. 가입절차도 독특하다. 홈쇼핑 보험은 보통 소비자가 집에 돌아온 뒤 편하게 TV 앞에 앉는 저녁 늦은 시간대에 방송한다. 하지만 방송에서 안내하는 콜센터에 이름과 연락처 등의 개인정보를 알려주거나 전화기로 입력한다고 해서 곧바로 계약이 이루어지는 것은 아니다. 시청자가 정보를 남겨 놓으면 다음날 근무시간인 오전 9시부터 오후 6시 사이에 보험사 전담 콜센터에서 연락해 본격적인 상담이 이루어진다.

보험료도 저렴하고, 전화로도 할 수 있고

"외국계 보험사들을 중심으로 홈쇼핑 방송이나 홈쇼핑 고객을 대상으로 한 보험영업이 연이어 대박을 터뜨리면서 생겨난 신종용어."

이 말은 인터넷 포털사이트에 소개된 홈쇼핑 보험에 대한 정의다. 이 말처럼 홈쇼핑 보험이 정말 대박을 터뜨렸을까? 통계를 보면 홈쇼핑 보험 시장이 연평균 30% 이상씩 빠르게 성장하고 있다.

인기비결은 간단하다. 홈쇼핑 보험이 주로 필수적인 담보를 중심으로 저렴하게 구성되어 있기 때문이다. 또 방송으로 보험을 판매하기 때문에 보험사들은 소비자들에게 최대한 명확한 메시지를 전달해야 한다. 그래서 홈쇼핑 보험사들은 흔히 기본계약과 특약이 하나의 상품으로 구성되어 있는 플랜 방식으로 판매하고 있다. 이는 소비자들의 가입 편의성을 높여주기 위해서다.

홈쇼핑 보험은 설계사를 통해 보험에 들 때처럼 가입자가 주계약에 수많은 특약을 일일이 체크해야 하는 불편함을 줄여주었다. 소비자들은 다양한 상품을 비교, 선택할 수 있고, 즉시 가입해야 하는 심리적인 부담도 적다. 이밖에 소비자들은 홈쇼핑 채널 특성상 다양한 이벤트나 경품 등을 기대할 수 있다.

🖥 홈쇼핑 보험, 과장광고도 많다

K씨는 몇해 전 홈쇼핑에 소개된 건강보험 상품이 마음에 들어 남편과 함께 보험에 들었다. 그 뒤 얼마 지나지 않아 집 앞 계단에서 넘어져 병원에서 치료를 받았고, 곧바로 보험사에 전화를 걸었다. 하지만 보험사의 안내전화는 몇 분이 지나도 같은 멘트만 반복했고, 복잡한 절차를 거쳐서야 겨우 담당자와 통화할 수 있었다. 보상은 받았지만 뒷맛이 영 개운하지 않았다.

청약을 철회할 수 있는 기간도 문제다. 청약 신청을 한 날로부터 15일 이내에 철회하도록 규정되어 있어서 소비자들이 철회 시점을 놓치는 일이 많다. 보험사가 청약서를 되도록 늦게 보내면 그만큼 청약을 철회할 시간이 줄어들고, 소비자가 청약서를 본 후 자신이 원한 상품이 아니어서 취소하려고 해도 때가 늦은 사례가 적지 않다.

이를 비롯해 인터넷 및 홈쇼핑 보험의 인기가 높아지면서 다른 문제점들도 드러나고 있다. 보험사들 사이의 경쟁이 치열해지면서 과장광고가 증가했다. 판매와 관련된 법규에 제시된 절차에 따르지 않고 판매하는 불완전판매 때문에 소비자 피해 역시 늘었다.

2008년 초, 한국소비자원이 발표한 자료에 따르면 2004년부터 2006년 사이에 접수된 보험 관련 피해구제사건들 가운데 15% 정도가 보험 계약 내용을 뒤늦게 확인하고 청약을 철회하는 과정에서 나타난 민원이었다. 이 중에서도 인터넷이나 홈쇼핑 보험 등이 특히 문제를 안고 있는 것으로 드러났다.

이 같은 부작용이 빈번하게 생기자 감독당국에서도 과장광고 등에 제재를 가했고, 소비자들 역시 홈쇼핑 보험이 과연 믿을 수 있는지 의문을 갖기 시작했다.

🔍 홈쇼핑 보험, 충동구매는 금물

홈쇼핑 역시 다이렉트보험의 하나이므로 다이렉트보험의 특성을 제대로 알아야 나중에 후회하지 않는다. 이는 곧 소비자가 자신의 결정에 책임져야 한다는 뜻이기도 하다.

홈쇼핑 방송에서는 판매를 늘리려고 상품의 장점을 중심으로 소개하는 일이 많다. 쇼핑호스트의 화려한 말솜씨와 장점을 위주로 한 보험사 관계자의 상품 설명이 곁들여지면서 충동구매가 일어날 수 있는 소지가 크다. 이를 막으려면 자신에게 필요한 상품과 보장내역이 무엇인지 제대로 따져야 한다. 홈쇼핑 방송은 여러 번 반복하기 때문에 시간을 충분히 갖고 다른 상품들과도 비교, 검토해야 한다.

또한 최고보장금액에 현혹되기보다는 본인에게 일어나기 쉬운 사고의 보장금액을 확인하는 등 실질적인 보상내용을 파악해야 한다. 아울러 건강보험이나 암보험이라면 책임개시 시점이 언제인지 반드시 알아두어야 하며, 이미 가입한 상품과 중복되는 부분을 비교한 뒤 부족한 부분만 추가로 가입하자.

　끝으로, 충동적으로 보험에 들었다고 하더라도 15일 이내에는 청약을 철회할 수 있으므로 보험 약관을 꼼꼼히 따져본 뒤 다시 한번 신중하게 판단해야 한다.

3장

보험에 건강과 사랑을 담아

절대 잊지 말아야 할 암보험

대기업에 근무하는 40대 후반의 직장인 K씨. 얼마 전부터 윗배가 아프면서 입맛도 없고, 먹어도 소화가 잘 안 되었다. 마침 직장에서 매년 실시하는 건강검진을 했더니 위암이라는 진단이 나왔다. 다행히 초기에 발견한 덕분에 치료할 수 있었지만 각종 진단비, 수술·입원비로 큰 돈을 지불했다. 치료를 마치고 퇴원하는 길, 평소에는 눈여겨보지 않았던 암보험 광고가 그의 눈에 들어왔다.

 ## 암으로 인한 사망자 갈수록 늘어

의료기술이 아무리 발달해도 암은 여전히 공포의 대상이다. 특히 우리나라는 암으로 인한 사망이 다른 사망원인보다 훨씬 높다. 2006년 9월, 통계청에서 발표한 자료에 따르면 한국인의 사망원인 1위가 암이며, 암으로 인한 사망자는 6만 5,909명으로 전체 사망자의 27%에 달했다.

또한 보험개발원이 2003년부터 2006년까지 생명보험 가입자 사망통계를 분석한 결과 암으로 숨진 사람의 비율이 해마다 증가했다. 보험개발원에 따르면 암으로 인한 사망자 비율은 2003년 31.8%, 2004년 33.8%, 2005년 35.3%, 2006년 37.1%로 증가했다. 같은 기간 교통사고나 자살·추락사고 등 재해로 숨진 사람의 비중이 2003년 21.8%, 2004년 20.5%, 2005년 20.5%, 2006년 18.8%로 줄어든 것과는 확연히 차이가 난다.

암으로 인한 사망을 성별로 보면 남성은 간암(28.7%), 폐암(18.8%), 위암(16.2%), 대장암(7.1%) 등의 순으로 나타났고, 여성은 위암(15.3%), 유방암(12.3%), 폐암(11.6%), 간암(11.0%) 등이었다. 사망원인을 연령대별로 보면 남성의 경우 20대 이하는 교통사고가 1위였지만 30대로 넘어가면서 암으로 바뀌었다. 여성의 경우 10세 미만에서 교통사고가 1위를 차지하다가 20대에는 자살, 30대 이후로는 암이 가장 많았다.

💵 암환자 절반이 병원비 때문에 고생

한편, 암 보험금을 받은 사람은 매년 14%씩 증가하고 있다. 그런데도 암 환자들 중 절반 이상은 여전히 암보험에 들지 않아 경제적인 어려움에 노출되어 있다.

보험개발원에 따르면 2002년부터 2005년 사이에 생명보험사들의 암 보험금 지급 건수는 14만 5,141건으로 이 중 위암이 16.7%로 가장 많았다. 다음이 유방암(14.2%), 갑상샘암(13.8%), 간암(9.4%), 폐암(5.8%) 등의 순이었다. 이들 암은 해마다 20% 이상씩 증가하고 있고, 특히 갑상샘암은 매년 41%씩 급증하고 있는 것으로 나타났다. 이 때문에 갑상샘암(41%), 전립샘암(36%), 결장암(26%) 등의 보험금 지급이 높았다. 이는 식생활의 변화 등 환경적인 요인으로 암 발생빈도가 늘어났기 때문이다.

암 진단을 받은 가입자가 2개 이상 보험에서 보험금을 탄 비율은 2002년 29%에서 2005년 35%로 증가했다. 보건복지부 한국 암등록사업 연례보고서에 따르면 2002년 암으로 진단받은 사람은 9만 9,025명으로 집계되었고, 같은 기간 생명보험사로부터 보험금을 받은 사람은 4만 4,632명으로 전체의 45%만이 보험혜택을 받았다. 결국 나머지 55%는 암에 걸려도 별다른 혜택을 보지 못해 경제적인 어려움을 당했다.

 ## 암보험, 무엇을 보장하나?

암보험은 생명보험사와 손해보험사에서 모두 판매하고 있다. 암전용보험 외에도 생명보험사의 종신보험에서 암특약을 들거나 손해보험사의 통합보험이나 민영 의료보험에서 암특약에 가입하는 방법이 있다. 최근 암 환자가 크게 늘면서 상당수의 보험사들은 암전용 보험을 판매중지하거나 보장범위를 줄이고 있다. 따라서 가입하기 전에 반드시 꼼꼼하게 비교, 점검해야 한다.

암보험은 암 진단 확정시 진단비·입원비·수술비·방사선 치료비 등 치료자금을 집중 보장해준다. 다만, 손해보험사 암보험 상품인지 생명보험사 상품인지에 따라 치료비가 다르게 보장되는데, 생명보험사는 수술비 등 치료비를 정액으로 보장하지만 손해보험사는 실제 들어간 비용만큼만 지급하므로 유의해야 한다.

암보험, 빨리 들수록 유리하다

보험전문가들은, 암보험은 연령이 낮을수록 암 발병율이 낮고 그만큼 보험료도 적어져 빨리 가입할수록 유리하며, 보장기간은 80세 이상 길게 하라고 충고한다. 또한 암보험은 오랜 기간 이어지는 장기상품이므로 들 때 보장범위를 꼼꼼히 따져보라고 지적한다. 어떤 종류의 암을 보장하는지, 진단 시점에 따라 보험금은 얼마나 차이가 나는지 반드시 확인해야 한다. 가령 기타피부암 · 상피내암 · 갑상샘암 · 유방암 등에는 암 진단비 전액을 보상해주지 않는 예가 많으므로 잘 따져봐야 한다.

아울러 고액암 보장이라는 광고도 많은데, 해당되는 고액암이 무엇인지 살펴보자. 가족력으로 특정암이나 고액암 발병가능성이 크다면 이를 집중 보장하는 상품을 골라야 한다. 다행스럽게 그동안 보험가입 금액의 20% 수준에서 보험금을 주던 경계성 종양이 악성암에 포함되면서 앞으로는 전액 보장받을 수 있게 되었다.

생명보험 상품과 손해보험 상품의 차이도 알아두어야 한다. 생명보험 상품은 사전에 약정한 금액(정액)을 보장하고, 손해보험은 실제 치료비에 들어간 비용(실손)만을 보장한다.

이밖에 암보험은 가입한 후 90일이 지난 뒤 암으로 진단받을 때에만 보험금을 지급하며, 가입 후 1, 2년 내에 진단받으면 약정된 보험금의 일부만 주는 예가 많으므로 유의해야 한다. 한 번 암으로 진단받으면 향후 보험 가입이 어려울 수 있으므로 현재 들어 있는 건강보험이나 종신보험이 실효되지 않도록 잘 유지하자.

길 떠날 때 강하다, 여행자보험

올해는 경기가 좋지 않아 휴가 때 해외여행보다는 국내여행을 선택한 사람들이 늘었다. 아무리 국내여행이라도 휴가를 떠날 때는 챙겨야 할 것이 많다. 꼼꼼히 따져보고 계획을 세울 때만 만족도도 커진다.

휴가 때 잊어서는 안 될 것이 여행자보험이다. 아무리 가까운 곳으로 간다고 해도 사고가 생길 수 있다. 이를 대비해 여행자보험에 가입하면 적은 비용으로 다양한 위험에 보장받을 수 있다.

 여행에서 느끼는 천원의 행복

2007년 6월, 최모씨는 가족과 함께 이탈리아로 여행을 떠났다. 즐겁게 여행하는 도중 6살 난 아들이 갑자기 복통을 호소하며 설사를 했다. 급히 인근 병원으로 달려갔고, 천만다행으로 큰 병이 아닌 식중독으로 판명나 간단히 치료를 받은 뒤 다음날 퇴원할 수 있었다. 최씨는 해외여행을 떠

여행자보험 보장 내용

구분	보장 내용
국내여행자보험	• 국내여행중 불의의 사고로 사망하거나 후유장해가 남은 경우 • 상해사고로 치료비가 발생한 경우 • 여행중 발생한 질병으로 30일 이내에 사망한 경우 • 여행중 가입자 과실로 타인에 대한 배상책임손해가 발생한 경우 (단 항공기, 선박, 차량, 총기의 소유사용 관리에 따른 사고는 제외) • 여행중 휴대품이 도난당하거나 파손된 경우
해외여행자보험	• 해외여행중 사고로 가입자가 사망하거나 후유장해가 남은 경우 • 상해사고 또는 질병으로 치료비가 발생한 경우 • 여행중 발생한 질병으로 30일 이내에 사망한 경우 • 여행중 가입자 과실로 타인에 대한 배상책임손해가 발생한 경우 (단 항공기, 선박, 차량, 총기의 소유사용 관리에 따른 사고는 제외) • 여행중 가입자의 휴대품이 도난당하거나 파손된 경우 • 행방불명되어 구조, 수색비, 숙박비 등 특별비용이 발생한 경우 • 항공기가 납치된 경우 보험가입금액 한도 내에서 보상

나면서 해외여행자보험에 가입해둠으로써 치료비 30만원 전액을 보상 받았다.

학생인 김씨는 한 달 남짓한 중국 어학연수 과정에 참여하려고 출국했다. 출국 직전 인터넷으로 2개월짜리 해외여행자보험에 들었으며, 보험료로 7,190원을 결제했다. 그는 중국 연수원에서 생활하던 중 2층 계단에서 미끄러져 갈비뼈가 부러졌고, 얼굴이 심하게 다쳤다. 중국 병원에서 1개월 정도 치료를 받은 그는 귀국한 뒤 그가 부담한 치료비 전액을 보상받았다.

보험에 들 때는 '나한테 설마 그런 일이 일어나겠어? 더구나 보장이 제대로 될까?' 의심하던 이들도 막상 사고가 나면 여행자보험에 대한 생각이 180도 바뀐다.

 # 여행자보험, 일주일 전에 들어야

　여행자보험이란 말 그대로 여행중에 일어날 수 있는 다양한 사고를 보장하는 보험이다. 최대 3개월까지 여행기간에 맞추어 가입할 수 있고, 가입조건에 따라 상해·질병 등 신체사고는 물론 휴대품 손해나 배상책임 보험까지 보상받을 수 있다.

　여행자보험은 나중에 보험료를 돌려받지 않는 소멸성 보험이기에 최소 몇 천원부터 아무리 많아도 1~2만원일 정도로 저렴한 보험료가 특징이다. 요즘같이 어려운 때에 이마저도 아깝다고 생각할 수는 있다. 하지만 혹시 모를 위험에 대비한다면 적극 검토해볼 만하다.

　여행자보험은 여행을 떠나기 일주일 전쯤 미리 든 뒤 가입내역을 잘 챙겨두면 좋다. 미리 들지 못했다면 공항에 있는 보험사 창구나 인터넷으로도 가입할 수 있다.

　다만, 적은 비용으로 다양한 혜택이 있기는 하지만 보상하지 않는 손해도 있으므로 주의해야 한다. 예를 들어 계약자나 피보험자의 고의적인 자해나 자살·범죄행위·폭력행위 등으로 인한 손해나 지진·해일 등 천재지변, 전쟁·폭동·내란 등으로 인한 손해는 보상받지 못한다. 아울러 휴대품 손해의 경우 보상받을 수 있지만 한 개당 20만원까지이고, 본인 부주의로 인한 분실은 보상받지 못한다는 점도 알아두어야 한다.

　보상받을 때 필요한 서류도 미리 숙지해야 한다. 일반적으로 상해나 질병 사고 때 갖추어야 할 서류는 보험금 청구서·의사진단서·치료비 영수증·피보험자 통장 사본·보험증권 등이다. 특히 휴대품을 도난당했을 때는 반드시 가까운 경찰서에서 도난확인서를 받아야 나중에 보상을 둘러싼 분쟁 소지를 줄일 수 있다.

 ## 자동차여행일 때 특약을 활용하자

  휴가철에 알아두면 유용한 것은 여행자보험만이 아니다. 특히 국내여행은 차를 타고 다니는 일이 많다. 이때 가족이 아닌 동승자와 교대로 운전대를 잡을 때를 대비해야 한다.

  자가용 운전자들은 대부분 운전자와 가족만이 운전할 수 있는 보험에 들어 있다. 만약 친척이나 친구들과 여행을 떠날 계획이라면 종합보험 무보험차 상해담보에 가입하자. 이 상품에 들 경우 타인 차도 운전할 수 있다.

  또한 단기운전자확대 특약(임시운전자 특약)을 활용하는 것도 좋은 방법이다. 이는 추가보험료를 내고 운전자 범위를 일시적으로 넓히는 방식이다. 따라서 일정기간 동안은 누구나 운전해도 보험 혜택을 받을 수 있다.

  아울러 여름 휴가철을 전후해 비가 많이 오므로 수해에도 대비하자. 자동차보험 자기차량손해 담보에 들어 있다면 태풍이나 홍수 등으로 차량이 침수되어 파손되었을 때 보상받을 수 있다. 다만, 자동차 안에 놓아두었던 물품은 보상받지 못한다. 수해로 차가 완전히 파손되어 다른 차를 구입할 때 손해보험협회장이 발행하는 자동차 전부손해 증명서를 첨부하면 취득세와 등록세를 감면받을 수 있다.

  참고로 수해로 인한 침수지역은 피하고, 어쩔 수 없이 지나가야 한다면 1단이나 2단기어로 천천히 지니가고 물 웅덩이를 통과한 뒤에는 브레이크 성능을 점검해야 한다. 또한 폭우로 물이 범퍼까지 차오른 곳을 지나갈 때는 미리 저단 기어로 변환한 뒤 한 번에 지나가도록 한다. 만약 차가 이미 침수되었을 때 무리하게 시동을 걸면 엔진에 마찰이 생겨 큰 손상이 생길 수 있다. 물속에서 멈추었을 때는 시동을 걸지 말고 곧바로 정비공장에 연락해 견인해야 한다.

로또복권 1등에 당첨될 확률은 800만분의 1, 벼락에 맞을 확률은 180만분의 1 정도라고 한다. 반면에 상해사고로 사망할 확률은 1,000분의 1, 1년간 교통사고로 사망하거나 부상당할 확률은 143분의 1 정도로 훨씬 높다. 그렇다면 로또복권 1등 당첨은 기대하면서 교통사고나 상해사고는 자기와 상관없다고 믿는 것은 지나친 과신이 아닐까?

재미있는 통계 이야기

구분	일어날 확률	비고
로또복권 1등에 당첨될 확률	1/8,140,000	
사람이 벼락 맞을 확률	1/1,800,000	
상해사고로 3% 이상* 후유장애가 일어날 확률	1/1,550	10만명당 65명
상해사고로 사망할 확률	1/1,004	10만명당 99명
1년간 교통사고로 사망하거나 부상당할 확률	1/143	10만명당 699명

＊ 후유장애 5% · 한 팔의 뼈에 기형을 남길 때를 말함.

＊ 교통사고는 2006년 경찰청 기준임.

철도사고에서 출발한 상해보험

　상해보험은 일상생활 중에 생기는 우연한 사고로 인한 신체 상해와 사망 및 후유장애 등을 보장하는 보험상품이다. 기본적으로 상해로 인한 부상·사망·후유장애·의료실비 등을 담보하고, 특약 담보는 질병치료비·질병사망·입원비·휴업손해·휴대품손해·배상책임을 비롯해 무궁무진하다.

　상해보험은 크게 1년 미만의 단기상해보험과 그 이상 되는 장기상해보험으로 나뉜다. 이를 좀더 세분하면 일반적인 상해보험과 여행자보험, 운전자보험, 골프보험 등이 있고, 군인·공무원·스포츠선수·노인·학생·부모·자녀 등 특정단체나 계층을 대상으로 하는 상해보험도 있다.

　상해보험은 역사가 긴 보험상품 가운데 하나다. 1840년대 영국에서 철도가 실용화되면서 철도사고도 자주 일어났다. 열차를 타거나 철도를 지나는 사람들의 두려움도 커졌다. 이 점에 착안해 한 보험사가 1849년부터 철도사고에 따른 상해위험을 인수한 것이 상해보험의 시초다. 그 뒤 1893년에는 디프테리아·성홍열·천연두·장티푸스 등 4개 전염병을 특약으로 보장하기 시작했으며, 1906년에 모든 질병까지 담보하는 보험을 판매하기 시작했다. 상해보험의 경우 미국에서는 1850년에, 일본은 1910년대부터 판매했다. 우리나라에는 그보다 훨씬 뒤인 1963년에 상해보험이 도입되었다.

왜 같은 사고인데 나만 보상이 안 되지?

　상해보험에 들 때 어떤 점에 주의해야 할까? 우선 특정 보장의 최고금액보다는 전체적인 보장범위를 파악하는 게 중요하다. 보장기간은 본인의 연령과 활동성 등을 판단해 결정해야 하며, 본인에게 많이 노출된 위험을 집중적으로 보장받도록 한다. 상해보험의 본질은 만기 때 환급금액이 아니라 사고에 따른 보장 자체에 있다. 또 상해보험은 직업이나 운전 여부 등 위험등급에 따라 보험료가 달라진다는 점도 알아두어야 한다.

자녀가 부모님을 위해 사망을 담보로 하는 상해보험을 가입하는 것처럼 제3자를 위한 보험계약이라면 제3자, 즉 부모의 서면동의를 반드시 받아야 효력이 있다. 서면동의가 없으면 보험계약의 효력이 없어 사고가 나도 보험금을 받지 못한다. 사망 이외의 위험을 담보하는 의료비담보ㆍ휴업손해담보ㆍ휴대품담보 등에는 서면동의가 없어도 무방하다.

보상받지 못하는 경우를 알아두어도 도움이 된다. 상해보험은 '우연하고 급격한 사고'가 전제조건이다. 이 때문에 보험계약자, 보험금 수익자를 포함한 피보험자의 고의로 인한 사고는 보상받지 못한다. 아울러 자해ㆍ자살ㆍ범죄행위 등으로 인한 상해인 경우에는 고의성이 있고 반사회성 행위로 간주되어 보상받지 못한다. 무면허운전이나 혈중알코올 농도 0.05% 이상의 음주운전으로 인한 상해사고가 일어났다면 보상해주지 않으며, 임신ㆍ출산ㆍ유산ㆍ외과적 수술 등 피보험자가 예상하거나 동의하에 행해지는 때에도 그렇다.

한편 형 집행으로 인한 사망일 때도 공권력 행사로 인한 사고여서 보상받지 못하며, 지진ㆍ해일 등 천재지변이나 전쟁으로 인한 상해사고 역시 보상받지 못한다. 이밖에 선박승무원ㆍ어부ㆍ선박탑승자ㆍ선박탑승기간 중의 상해사고는 다른 교통수단에 비해 특수한 위험으로 여겨 보상받지 못하는 경우가 많다. 다만, 특약을 별도로 들었다면 보상받을 수 있다.

 ## 직업에 따라 보험료도 달라요

상해보험에 들 때 주의해야 할 사항 중 하나가 직업의 위험도다. 위험도가 높으면 보험료가 비싸고, 위험도가 낮으면 보험료도 싸진다. 따라서 자신의 직업이 어느 정도의 위험등급인지 파악해야 한다.

보험업계에서는 과거 통계자료를 근거로 위험도에 따라 직업을 A에서 E 등급으로 나눈다. A등급이 위험도가 가장 낮고, E등급이 가장 높은 직업이다. 가장 높은 등급과 낮은 등급간 보험료는 상해사망을 기준으로 했을 때 최고 2.5배까지 차이가 난다.

보험료가 가장 싼 A등급에는 국회의원·정부기관 종사자·교사·의사·기자·방송사 아나운서 등이, B등급에는 건축가와 엔지니어·조각가·영화감독·프로게이머·부동산중개인·모델·주방장 등이 포함된다. C등급에는 항공기 조종사·연기자·가수·주유원·바텐더·구두미화원 등이 있다. 위험도가 높은 D등급에는 앰뷸런스 운전자와 교통경찰 등이 있고, 가장 위험한 E등급에는 경비행기 조종사와 헬기조종사·선장·곡예사·스턴트맨·오지탐험가·동물조련사 등이 속한다.

직업에 따라 보험료가 달라지는 까닭에 자신의 직업을 정확하게 알리며, 직업이 바뀌었을 때도 반드시 보험사에 알려야 나중에 약속한 대로 보험금을 받을 수 있음을 명심해야 한다.

겨울철에는 특히 화재에 대비해야 한다. 물론 화재가 나지 않도록 항상 주의해야 한다. 하지만 이웃에서 난 불이 옮겨 붙거나 아이들이 실수하는 등 본인의 의지와는 관계없이 화재가 나는 일도 있다. 따라서 만일의 위험에 대비해야 한다.

실수로 낸 화재도 책임져야

2007년 8월 30일, 헌법재판소 전원재판부가 경과실에 의한 실화의 경우 민법 제750조의 적용을 배제한 '실화책임에 관한 법률'이 헌법에 합치되지 않는다고 선고하면서 이 법률의 적용 중지를 명했다.

그간 실화책임법은 고의나 중과실이 아닌 본인의 부주의 등의 실수로 불을 냈다면 타인에게 손해를 끼쳤더라도 배상책임을 면해주었다. 작은 실수로 불이 나서 자기 집이 다 타버렸는데 다른 사람들에게 끼친 피해까지 책임지우는 것은 가혹하다는 한국적인 정서 때문이었다.

그런데 헌법재판소가 이 실화책임법 규정의 헌법 불합치를 결정하고 효력 중지를 명함으로써 실화자가 보호받을 수 없으며 이 법의 손질도 불가피해졌다. 실수로 불을 낸 사람 입장도 안타깝다. 하지만 아무 잘못 없이 피해를 입은 사람들은 어디에 하소연할 곳이 없다. 따라서 헌법재판소의 이번 결정은 선의의 피해자를 구제하기 위한 취지로 보인다.

어쨌든 헌법재판소의 결정은 화재에 따른 법 적용이 엄격해야 하며, 실수로 인한 화재까지 책임이 무거워졌음을 의미한다.

화재보험에 대한 진실과 오해

앞서 밝혔듯이 화재보험은 만일에 생길 수 있는 화재에 대비해 드는 보험상품이다. 그런데 일반인들은 화재보험을 간과하거나 오해하는 경우가 많다. 자신의 집이나 건물에는 절대로 화재가 나지 않으리라고 생각하는 이들이 의외로 많다. 그러나 이웃에서 난 불이 옮겨 붙을 수도 있으므로 절대라는 자만은 매우 위험하다.

아파트에 산다면 관리사무소에서 화재보험에 가입했으리라는 막연한 기대도 문제다. 16층 이상의 아파트나 백화점 · 학교 등은 특수건물로 규정해 화재보험 가입이 의무화되어 있다. 그러나 특수건물로 지정되어 있지 않다면 화재보험에 들어 있는지, 보상범위는 어느 정도인지 등을 제대로 따져봐야 한다. 가구별로 가입하지 않았을 수 있고, 이때 화재사고가 나면 재산피해를 보상받기 어렵기 때문이다.

건물 주인이 아닌 세입자라면 어떻게 될까? 불이 나면 집주인 책임이니까 세입자는 안심해도 되지 않을까? 아니다. 세입자는 임대차계약법에 따라 원상복구 후 반환해야 하는 의무가 있기 때문이다. 집주인이 화재 위험을 방치해서 불이 난 경우(이때도 이를 입증하기가 쉽지는 않다)가 아니라면 세입자는 화재 책임을 대부분 지게 된다.

집주인이 화재보험에 들었어도 마찬가지다. 보험사는 보험에 든 건물주에게 보험금을 주지만 결국 불을 낸 책임이 있는 임차인에게 구상권을 청구하는 절차를 밟기 때문이다. 즉 자신의 재산피해는 물론 집주인 피해까지 책임져야 한다.

화재보험에 가입할 때 이것만은 유의하자

화재보험에 들 때는 어떤 점에 유의해야 할까? 우선 화재보험의 특성을 잘 이해해야 한다. 화재보험은 일반보험과 달리 실제 손해에 비례해 보상이 이루어진다. 가령 순수건축비가 1억원인 건물을 화재보험에 들 때 보험료를 아끼려고 5,000만원만 보험에 들었다면 보험가입 비율은 50%가 된다. 이때 화재가 나 1,000만원의 피해를 입었다면 1,000만원 모두가 아니라, 가입비율인 50%를 적용해 피해액의 절반인 500만원만 보상받는다. 그래서 보험전문가들은 가입비율은 80%를 넘기라고 조언한다.

집주인이나 건물주가 아닌 임차자라면? 자신의 재산피해는 물론 빌린 집이나 건물의 피해 보상도 염두에 두어야 하므로 임차자 배상책임보험에 가입한다. 아울러 임차자는 타인을 위한 보험 계약도 반드시 생각해야 한다. 임차한 건물에 대해 계약자를 임차인으로 하고 소유자를 건물주로 하는 계약이 바로 이것이다. 건물 이외의 재산에 대해서도 보장받을 수 있도록 해야 하는데, 시설·동산·가재도구·집기비품 등을 보장받을 수 있도록 계약해야 한다.

화재가 나지 않도록 노력하는 자세가 최선이다. 하지만 언제 화재가
날지 모르고, 그 피해가 자신에게도 영향을 준다는 점을 감안한다면 화
재보험이 나와 내 재산을 보호해줄 수 있음을 명심하자.

화재보험 가입시 추가 보험 가입 필요성 예시

구분	기존에 가입된 보험			추가 가입이 필요한 보험		
	화재보험	배상책임보험		화재보험	배상책임보험	
		신체 손해	물적 손해		신체 손해	물적 손해
특수건물 소유자 (보험 가입자)	●	●				●
일반건물 소유자 (화재보험 가입자)	●				●	●
일반건물 소유자 (배상책임 가입자)		●	●	●		
일반건물 소유자 (보험 미가입가)				●	●	●

주부 이모씨의 아이는 뜨거운 국물에 화상을 입어 열흘간 입원 후 통원치료를 받았다. 그런데 가입했던 어린이보험으로부터 입원일당에 대해서만 보상받고 통원치료에 따른 보상은 받지 못했다. 같은 어린이보험이라도 손해보험사의 상품이냐 아니면 생명보험사가 판매하는 상품이냐에 따라 차이가 난다. 보험에 들기 전에 장·단점을 잘 따져봐야 하는 이유가 여기에 있다.

보험은 가장 든든한 아이 지킴이

어린이보험이란 자녀들을 위해 부모나 조부모 등 보호자가 계약자가 되어 가입하는 보험을 말한다. 그렇다고 어린이만 대상은 아니다. 보통 0세의 태아부터 18세 청소년까지 들 수 있다.

요즘 관심이 높은 '태아보험'은 별개의 보험이라기보다는 어린이보험

태아보험 주요 보장 내용(예시)

특약명	보장 내용
출생 전·후기 질환 보장 특약	출생 전, 후기(일반적으로 임신 28주에서 생후 1주까지의 기간) 질병으로 입원한 경우 1일당 약정금액을 지급
선천성 질환 수술 특약	선천성 기형, 변형 및 염색체 이상(선천이상)으로 수술할 때 수술 1회당 약정금액을 지급
미숙아(또는 저체중아) 육아비용 보장 특약	태아의 출생시 몸무게가 2kg(또는 2.5kg) 미만으로 인큐베이터를 3일 이상 사용했을 경우 1일당 약정금액을 저체중아 육아비용 보험금으로 지급

가운데 태아도 들 수 있는 보험을 의미한다. 특히 태아보험은 16~22주 이내에 가입해야 하는데, 가입 시기를 넘겨 태아보험에 들지 못한 사례가 있으므로 가입 시기를 잘 알아보아야 한다.

어린이보험의 보장범위는 광범위하다. 태아라면 선천성 기형, 저체중 출산 때 위로금·인큐베이터 비용 등을 보장받을 수 있고, 아이들이라면 각종 질병에 따른 수술비·입원비 등을 보장받을 수 있다. 상품에 따라 암이나 골절·영구치 손실·아토피·집단따돌림·범죄피해를 비롯해 보장내역은 매우 다양하다.

최근에는 어린이보험에 변액보험 기능이 합쳐진 어린이변액보험도 관심을 모으고 있다. 이런 상품들은 어린이보험의 가입연령 기간이 끝나면 보험기간을 확대해 다른 용도로 활용할 수 있다.

 상품 특성을 알고 선택하자

어린이보험을 고를 때는 손해보험상품과 생명보험상품의 차이를 잘 살펴보아야 한다. 손해보험상품은 실손상품이므로 실제로 일어난 손해를 보장한다. 반면 생명보험 상품은 보험에 가입할 때 설정한 내용에 따라 보장내역도 달라진다. 각기 장·단점이 있다. 따라서 자녀를 위해 어떤 보장이 필요한지 잘 따져야 한다.

또한 어린이보험 중에는 만기환급금을 받을 수 있는 환급형 상품과 순수보장형 상품이 있다. 순수보장형은 보험료가 저렴하지만 환급금이 없다는 단점이 있고, 환급형 상품은 만기 때 환급금을 받는 기쁨이 있지만 보험료가 상대적으로 비싼 단점도 있다. 순수보장형은 건강진단을 받을 필요가 없어 가입하기가 편리하다.

결국 생명보험사 상품으로 할지 손해보험사 상품으로 할지, 보장을 중심으로 할지 아니면 환급금으로 나중에 다른 용도로 활용할지를 잘 판단해야 한다. 보험료는 환급형이라면 3~5만원 수준이며, 환급금에 따라 보험료가 달라진다.

🔍 보장 내용과 금액부터 확인해야

만기환급형 상품이라면 환급률을 정확하게 따져보도록 한다. 또한 현재 든 상품이 있다면 중복가입을 피해 필요한 부분만 추가로 들도록 한다. 앞서 밝혔듯이 손해보험 상품은 실제 손해만을 보장하므로 중복가입했다고 해서 보험금이 여러 곳에서 나오지는 않는다.

보험에 들 때는 과거에 앓았던 병력이나 현재 앓고 있는 질병을 미리 보험사에 정확하게 알려야 한다. 이와 함께 가족들의 병력을 살펴보고 유전적인 요인은 없는지 살펴본 뒤 보장되는 질병을 확인해야 한다.

특히 백혈병 등 소아암이라면 치료비가 많이 드는 탓에 보장금액이 충분한지 잘 살펴야 한다. 보험에 들었더라도 15일 이내에는 청약을 철회할 수 있으므로 가입 후에도 약관을 꼼꼼히 따져보는 것을 잊지 말자.

고향의 따스함과 부모님의 정겨운 미소는 바쁜 일상에 지쳐 있는 도시 사람들에게 큰 위안을 준다. 그런데 부모님께 드릴 선물을 고르다 보면 마땅한 게 없어 고민할 때가 많다. 이럴 때 평소에 생각만 했던 효보험에 가입하는 것은 어떨까? 효도보험·실버보험·부모님보험 등 이름은 다양하지만 기본 구조와 내용은 비슷하다.

이번 명절에는 효보험을 선물하자

효보험은 기본적으로 경제적인 문제와 건강(질병) 보장이 주요 내용이다. 이름은 제각각이지만 보험의 기본 구성은 거의 같다. 효보험에는 고령층의 노인성 질환 등을 집중 보장하는 고령층 건강보험, 치매 등을 집중 보장하는 장기간병보험, 각종 골절사고 등을 집중 보장하는 상해보험, 그리고 장례비용 활용 등을 목적으로 한 장례보험 등이 있다.

실버보험(효보험)과 일반 보장성 보험의 비교

구분	실버보험	일반 보장성 보험
주요 가입 대상	50~70세	20~55세
보험 가입 가능 연령	40~80세	15~60세
주요 보장 내역	노인성 상해 및 질병, 치매, 간병, 장례서비스 등	상해, 질병, 간병 등

(* 각 항목의 세부사항은 회사별, 상품별로 다를 수 있음)

가입연령은 과거에는 65세까지였지만 최근에는 가입연령을 늘려 70세 전후까지 가입할 수 있는 상품이 많이 나오고 있다. 보장기간 역시 과거에 비해 늘어, 80세 정도였던 과거와 달리 최근에는 최고 100세까지 보장해주는 상품들도 연이어 출시되고 있다. 고령화가 워낙 급속히 진행되면서 나타난 현상이라 할 수 있다.

가입자가 고령이다 보니 나이와 건강상태에 따라 가입심사에서 거절당하는 예가 적지 않은데, 이를 위해 무진단, 무심사 상품들도 출시되어 있다. 하지만 이런 상품들은 가입이 쉬운 반면 보험료가 비싸다. 특히 지급하는 보험금에 제약이 있는 일이 많아 민원이 잦다. 그래서 보험전문가들은 특별한 문제가 없다면 일반적인 절차를 거쳐 보험에 가입하라고 충고한다.

무심사 보험과 무진단 보험의 차이

구분	무심사 보험	무진단 보험
고지사항 유무	없음	있음
건강검진 유무	없음	없음
보험 가입 거절 가능 여부	불가능	가능
보험료 수준	높음	일반 보험 수준
주요 보장 내용	사망	상해 위주

효보험은 누가 들었느냐에 따라 보험 내용이 달라질 수 있다. 따라서 연세 드신 부모님이 직접 자신의 노후를 위해 든다면 내용을 꼼꼼히 확인해야 한다. 보험설계사의 말만 믿고 가입하거나 홈쇼핑 채널을 보다가 덜컥 들었다가는 낭패를 당할 수 있다. 보장기간이나 보장범위를 정확히 확인한 뒤에 가입을 결정하는 것이 최선이다.

자녀들이 부모님을 위해 보험에 든다면 중복 사항이 있는지 살펴야 한다. 부모님이 다른 보험에 들어 일정한 보장을 받을 수 있다면 이런 보장은 제외하고, 각종 특약 등을 활용한 다른 보장을 중점적으로 대비하는 것이 바람직하다. 한 예로 부모님이 건강보험에 들었다면 장례비용 마련을 위한 장례보험을 추가로 생각해볼 수 있는데, 1~3만원 정도의 저렴한 비용으로 전문적인 장례서비스까지 보장받을 수 있다.

아울러 부모님이 종신보험이나 종합보험에 들었다면 일정한 수준의 보장은 대부분 이루어진 상황이다. 따라서 이때는 치매를 전문적으로 보장하는 상품을 고려해볼 수 있다. 다만, 치매를 보장하는 장기간병보험에 들 때는 활동불능상태가 확인된 뒤 최종 확인기간이 짧은 것이 좋다. 보험사들이 활동불능상태라고 해서 곧바로 간병비를 주는 것이 아니라 일정한 기간 동안 최종확인 과정을 거친다. 그러므로 이 기간을 최대한 짧게 한다.

가입할 때는 과거에 앓았던 질병이나 병력을 빠짐없이 보험사에 알리고 청약서상의 질문서에도 정확하게 적어야 한다. 그렇지 않으면 자칫 사고가 났을 때 제대로 보상받지 못할 수 있다.

보험계약자와 피보험자는 청약서상의 자필서명란에 반드시 본인이 자필서명해야 하는 점도 잊지 말자. 만일 보험설계사 등 다른 사람이 대리서명했다면 보상받지 못하거나 보험계약이 해지될 수도 있다.

　보험상품을 해약하려면 계약한 날이나 첫 번째 보험료를 납입한 날로부터 15일 이내에 보험사에 철회의사를 통보한다. 15일 이내에 계약 해지를 통보해야만 납입했던 보험료 전액을 돌려받을 수 있다.

여성보험, 내 몸은 내가 지킨다

여성들은 남성들에게 비해 조심성이 많아 사고위험률이 낮은 편이다. 하지만 여성들은 남성과 신체기관이 달라 특정질병에 잘 걸릴 수 있다. 그래서 여성만을 특화시켜, 여성만을 가입대상으로 하거나 여성이 잘 걸리는 특정질병 등을 집중적으로 보장하는 보험이 선보였고, 많은 여성들의 호응을 얻고 있다. 예전과 달리 여성들의 사회적 지위가 높아지고 경제적인 여유가 향상되었지만 여전히 여성 질병은 모든 여성들의 고민거리다.

 여성을 사로잡아야 세상을 지배한다

2008년 5월 현대경제연구원에서 흥미로운 보고서를 냈다. 이 보고서에는 여성의 구매력이 크게 높아져 기업들이 이에 걸맞는 전략을 세워야 한다는 내용이 담겨 있었다. 이는 세계적인 트렌드다. 미국 여성들 중

30%는 남편보다 소득이 높으며, 가정에서 구매의사 결정의 80%를 여성이 갖고 있는 것으로 나타났다. 미국 여성들의 구매력은 연간 약 3조 7,000억달러로 추산되는데, 이 가운데 전체 소비재의 83%를 여성이 구매하고 있다.

영국도 다르지 않다. 영국의 한 온라인 시장조사 기관에 따르면 영국 여성들은 자신을 가꾸는 데 연간 약 2만 5,000파운드 이상을 지출한다. 더구나 영국 여성들은 막강한 경제력을 바탕으로 주택구매를 비롯한 가정내의 의사결정 대부분을 이끌고 있다.

이는 국내도 마찬가지다. 전체 자동차시장의 여성고객 비율이 37% 이상 차지하고 있고, 휴대전화를 비롯한 IT기기·금융·주류 등에서 여성들이 막강한 소비주체가 되면서 각 기업들이 여성마케팅을 활발하게 펼치고 있다.

보험시장에서도 여성들의 구매력은 급증하고 있다. 삼성생명 라이프케어연구소가 2008년 1월부터 5월까지 삼성생명의 변액연금보험 가입자 6만 937명을 조사한 결과 여성 가입자가 67%, 남성이 33%로 여성과 남성이 2배 이상 차이 났다. 어떻게 이런 결과가 나온 걸까? 라이프케어연구소는 다음과 같이 분석했다.

"가정에서 금융 주도권이 남성에서 여성으로 넘어가고 있으며, 여성의 평균수명이 남성보다 길어 노후대비에 대한 욕구가 남성보다 높기 때문이다."

 갈수록 특화되는 여성보험들

이 같은 추세를 보험에 반영한 것이 여성보험이다. 여성보험은 여성을 위해 특화된 보험으로, 아예 여성만을 대상으로 하거나 여성이 잘 걸리는 특정질병 등을 집중 보장하는 보험이다. 현재 몇몇 보험사가 여성전용보험을 판매하고 있고, 상당수 보험사들은 건강보험에서 여성특화 플랜을 판매하고 있다.

대표적인 여성전용 상품을 살펴보면, 생명보험사에서는 대한생명·동양생명·금호생명 등이 전용상품을 판매하고 있고, 손해보험사 중에는 최근 AIG손해보험이 새로운 여성전용 상품을 내놓았다. 대한생명의 여성전용 상품인 '무배당 여자예찬 연금보험'은 연금지급 개시 후 처음에는 비상자금을 받고, 배우자 사망 등으로 더 많은 자금이 필요하면 생활안정연금으로 변경해 상황에 맞게 연금액을 차별화할 수 있다는 점이 특징이다.

한편 금호생명과 동양생명은 여성에게 발병할 수 있는 위험과 질병을 중점적으로 보장하는 전용보험을 판매중이다. 금호생명의 '스탠바이 미스&미세스 건강보험'은 자녀 출산 때 출산축하금과 미숙아 출산 때 위로금을 주며, 업계 최초로 인공수정·시험관수정을 지원하는 등 미혼여성과 출산 이전의 여성에게 혜택이 많은 상품이다. 동양생명의 '수호천사 행복한 여성보험'은 유방절제 수술·자궁적출 수술 때 500만원을 보장하는 등 주요 성인질병 외에 여성질환을 집중 보장한다.

성폭행 등 여성에게 일어날 수 있는 각종 폭력사고를 보장해주는 상품도 있다. AIG손해보험이 최근 내놓은 'AIG 뷰티케어 보험'은 상해의료실비 3,000만원을 기본으로 하면서 추가로 외모추상장해, 특정여가 활동 중 상해 후유장해, 상해·성형 수술비까지 4중으로 보장받을 수 있다. 여기에 특약으로 여성 4대암 등도 집중 보장한다.

🔍 여성을 위한 보험, 여성 스스로 따져야

하지만 여성보험이라고 해서 무턱대고 보험에 드는 것은 좋지 않다. 꼼꼼하게 따져봐야 할 내용이 많기 때문이다. 우선 진짜로 여성에게 자주 생기는 질병을 보장하는지 살펴야 한다. 일어날 확률이 극히 낮은 희귀한 여성질병을 보장받기 위해 전용보험에 들지는 않기 때문이다.

아울러 이미 가지고 있는 의료보험이나 보장성 상품에서도 보장이 가능한 질병을 여성보험에서 중복 가입하는 것은 아닌지 잘 비교해야 한다.

여성들은 부인과질환의 발생률이 높은 편이다. 전용보험을 고민한다면 이런 질환을 얼마나 제대로 보장하는지 먼저 살펴야 한다. 여기에 여성들이 자주 걸리는 여성빈발암이나 유방암·자궁암·난소암 등의 여성특정암에 대해서도 보장이 크다면 더욱 좋다.

임신이나 출산중 생길 수 있는 예기치 않은 위험을 미리 보장해야 한다. 이 경우에는 보험사들이 판매하고 있는 태아보험을 활용해볼 만하다. 어린이보험에서 태아가입 특약의 형태로 판매되는데, 여성을 위한 보장 내용이 많다. 보험사마다 다르기는 하지만 유산이나 미숙아 출산, 예기치 않은 제왕절개수술 등을 보장하고, 정상적으로 출산했을 때 출산축하금을 주기도 한다.

차는 필수품! 하지만 잘못된 운전습관과 관리가 큰 사고를 부른다.
사소한 실수로 생명을 위협하고 경제적인 손실도 큰 자동차 사고. 그렇다면 뜻밖의 사고를 당했을 때
어떻게 해야 제대로 보상받을까?

자동차와 보험
안전이 최우선

기름값과 물가는 계속 오르고, 이를 대처하기 위해 각종 아이디어가 넘쳐나고 있다. 공공기관은 물론이고 기업과 가정까지 각종 비용을 아낄 수 있는 묘안을 궁리하느라 여념이 없다. 이 때문일까? 모르고 지나친 서비스를 챙기는 이들이 늘고 있다. 자동차보험 긴급출동서비스 가운데 긴급주유서비스가 부쩍 늘어난 것도 그렇다. 별도의 돈을 내고 신청한 서비스인만큼 자기 권리를 당당하게 주장해야 한다는 의미일 것이다.

긴급출동서비스, 모르면 손해

자동차보험의 부가서비스 가운데 특히 관심을 가질 만한 서비스가 긴급출동서비스다. 이 서비스는 자동차보험에 추가로 얼마씩을 내 다양한 혜택을 받는 것으로, 보험회사나 차의 종류·연식 등에 따라 가격이 다르지만 적게는 몇 천원부터 많아도 2~3만원이면 충분히 들 수 있다.

가격과 대비할 때 서비스도 의외로 괜찮다. 긴급출동서비스에는 대표적으로 비상시 배터리 충전·비상급유·타이어 교환·잠금장치 해제·견인·구난 등이 있다. 외국에서는 자동차회사나 긴급출동을 전담하는 별도의 회사가 비슷한 서비스를 제공한다. 보험사들이 부가서비스로 제공하는 것보다는 비용이 더 비쌀 수밖에 없다.

고유가시대에 주목받는 서비스 중 또 하나가 비상급유서비스다. 2007년 같은 기간에 비해 2008년 상반기에 급유신청 건수가 늘어난 것도 고유가시대의 특징이다.

비상급유 서비스는 먼 길을 가다가 갑자기 기름이 떨어졌을 때 보험사에서 출동해 비상용 기름을 넣어주는 서비스로, 주유소까지 갈 수 있는 최소량인 3리터를 공급해주며, 하루에 한 번, 연간 5회로 제한하고 있다. 5회를 넘으면 본인이 비용을 추가부담해야 하는데, 이는 악의적인 남용을 막기 위한 조치다. 실제로 제한규정이 없었을 때 한 공무원이 매주 월요일마다 비상급유서비스를 신청해 1년 동안 50회가 넘는 서비스를 받기도 했다. 이 사례는 지금까지 보험업계에 전설처럼 회자되고 있다.

자동차 보험료, 이렇게 하면 줄일 수 있다

부가서비스만 중요한 것이 아니다. 각 보험사들이 정한 기준을 잘 살펴보고 이를 갖추면 자동차 보험료를 좀더 아낄 수 있는데도 몰라서 그냥 흘려버리는 일도 적지 않다.

자동차 보험료를 아낄 수 있는 방법은 다양하다. 우선 운전자 범위와 운전자 연령을 한정해야 한다. 이를 흔히 운전자 한정특약이라고 한다. 운전자 범위를 한정하는 경우에는 가족운전자 한정특약이나 부부 한정

자동차보험료 절약 요령

자동차보험료 절약 지침	내용
① 운전자의 범위를 한정한다.	가족운전자 한정특약 부부 한정특약 1인 한정특약 등 가입시 할인
② 운전자의 연령을 한정한다.	연령 한정특약 가입시 할인 (21, 24, 26, 30세 한정특약 등)
③ 운전경력을 활용한다.	정부, 지자체, 운수회사 등에서 운전직 근무 법인에서 운전직 근무 군대에서 운전병 근무 외국에서 자동차보험 가입 등 경력이 있는 경우 할인
④ 자기부담금제도를 활용한다.	사고가 났을 때 자기차량손해 보상금액의 일부를 보험 가입자가 부담하는 제도 활용시 보험료 할인 (자기부담금을 올릴수록 보험금 절약)
⑤ 자동차가 여러 대라면 하나의 보험증권으로 가입한다.	사고가 났을 때 보험료 할인할증 유리
⑥ 에어백, ABS 및 도난방지장치가 있다면 알린다.	에어백, ABS, 도난경보기 등 부착 차량 할인
⑦ 교통법규를 잘 지킨다.	가벼운 교통법규 위반 또는 교통법규 위반이 없는 경우 보험료 할인 음주운전 1회 10%, 2회 이상 20% 할증 무면허, 뺑소니운전 1회 적발 20% 할증 중앙선 침범, 속도위반, 신호위반 2~3회 5%, 4회 이상 10% 할증

(※ 손해보험사별로 내용은 약간 다를 수 있음.)

특약, 1인 한정특약 등 상품도 다양하다.

  21세, 26세, 35세 등 연령에 따라 한정을 짓는 다양한 상품이 있다. 따라서 연령 범위를 좁힐수록 보험료가 절약된다. 다만, 운전자 범위나 연령을 한정할 경우 보험료를 아낄 수 있지만 한정범위를 벗어나 다른 사람이 운전하다가 사고가 났을 때는 보험혜택을 받을 수 없다는 점을 유념해야 한다.

  운전경력을 활용하는 방법도 있다. 정부·지자체·운수회사 등에서 운전직으로 근무한 적이 있거나, 법인체 운전직·군대 운전병, 외국에서 자동차보험 가입경력이 있다면 할인혜택을 받을 수 있다.

자기부담금제도를 활용하는 것도 보험료를 줄일 수 있는 한 가지 방법이다. 이 제도는 사고가 났을 때 자기차량손해 보상금액의 일부를 보험 가입자가 직접 내고 나머지를 보험으로 처리하는 방식이다. 부담금이 높을수록 보험료가 내려가게 된다.

자동차가 여러 대 있다면 하나의 보험증권으로 드는 것이 유리하다. 이를 동일증권이라고 하는데, 사고가 났을 때 보험료가 많이 할증되는 것을 분산시키는 효과가 있다. 아울러 에어백·ABS·도난방지장치 등이 있을 경우 이를 보험회사에 알리면 할인혜택을 받을 수 있다.

보험료 납부 방식은 분납보다는 일시불로 하되, 신용카드사의 무이자 할부 혜택 등을 활용하도록 한다. 아울러 교통법규를 잘 지키는 모범운전자는 위반을 자주 저지르는 운전자보다 더 할인받을 수 있다는 점도 기억해두자.

 미처 모르고 있던 혜택, 정부보장사업

자동차보험과 관련된 내용 가운데 '정부보장사업'이 있다. 원래 명칭은 자동차손해배상보장사업으로, 뺑소니차나 무보험차에 의한 사고를 당했을 때 정부에서 피해자나 유족들에게 경제적인 지원을 하는 사업이다. 아무런 잘못도 없이 뺑소니차나 무보험차에 사고를 당했을 때 이를 국가가 대신 구제해주는 것이다. 그런데 이 사업은 피해자나 유족이 신청해야만 지원해준다.

국토해양부와 손해보험협회 등에 따르면 아직도 피해자의 20% 정도가 이 사업을 몰라서 보상청구를 하지 않은 것으로 조사되었다. 만약 신청하고 싶다면 정부보장사업 통합 콜센터(1544-0049)로 전화 한 통만 하면 된다.

다이렉트(온라인) 차보험은 어떨까? 똑같은 상품이며 보장내역도 같은데 온라인으로 가입할 때와 설계사를 통해 가입할 때 보험료가 차이가 있다. 적게는 10%에서 많게는 15%까지 차이가 난다. 요즘처럼 고물가시대에는 한 푼이라도 아끼는 것이 미덕이 아닐까?

다이렉트보험이란 무엇인가?

인터넷과 휴대전화가 보편화되면서 이를 이용해 소비자에게 제품을 직접 판매하는 다이렉트 판매가 산업 전반에 걸쳐 인기를 더해가고 있다. 특히 그동안 보험설계사를 통해서만 가입할 수 있었던 손해보험 시장에도 온라인과 콜센터를 통해서 상품을 판매하는 다이렉트보험이 등장해 새로운 시장을 형성해가고 있다.

다이렉트보험은 말 그대로 소비자가 대리점이나 보험설계사를 거치지 않고 인터넷이나 전화로 보험회사와 직접 접촉해 보험에 들 수 있는 새로운 보험 판매 방식을 말한다. 따라서 기존 대리점이나 설계사에게 들어가는 점포운영비·판매원 수당 등의 중간유통 비용을 절감한 일종의 직거래 방식이다. 보험료를 아끼고자 하는 가입자들에게는 큰 장점일 수밖에 없다.

그런데 온라인과 오프라인 보험을 함께 팔고 있는 상당수 손해보험사들은 온라인 보험보다 설계사들을 통한 자동차보험 판매에 더 주력하고 있다. 왜일까? 이유는 간단하다. 온라인 판매를 위해서는 온라인 광고비도 만만치 않을 뿐 아니라 설계사들을 통할 때 자동차보험 가입자들에게 다른 보험상품을 판매하기가 쉽기 때문이다. 다시 말해 자동차보험 자체가 목적이 아니라 이를 매개로 다른 보험을 팔고 싶은 것이다.

치솟는 인기에는 이유가 있다

자동차보험은 다른 보험과 달리 온라인과 오프라인 모두 보상서비스 등 상품 내용이 거의 유사하다. 그런데 일반적으로 동일한 운전자가 다이렉트 자동차보험에 들 때 오프라인 보험에 들 때보다 평균 10~15% 이상 저렴하다.

예전에는 가격이 저렴한 반면 서비스 수준이 오프라인 보험사보다 미비하리라는 인식이 강했다. 하지만 최근에는 다이렉트 전문보험사 외에도 기존 손해보험사들 대부분 다이렉트보험을 판매하기 시작해 서비스에는 차이가 없다는 게 공통된 평가다.

더구나 다이렉트보험은 전국 어디서나 24시간 원하는 시간에 전화나 인터넷으로 들 수 있으며, 온라인으로 상품 비교·청약·철회 및 해지·

보험금 조회 등의 서비스를 제공한다. 이 때문에 바쁜 현대인들에게 유용한 측면이 많다.

이것만이 아니다. 최근 들어 다이렉트보험은 나날이 진화하고 있다. 새로운 형태의 제휴서비스 때문인데, 보험사들은 최근 신용카드사와 제휴해 보험료 할인·주유할인 등 각종 부가서비스를 경쟁적으로 제공하고 있다. 보험료를 아끼는 것은 물론 신용카드 부가서비스로 추가할인을 받을 수 있다. 이처럼 자동차보험사가 자체 발급하는 멤버십 카드나 제휴되어 있는 신용카드만 잘 이용해도 보험료를 최소한 몇 만원은 더 절약할 수 있다.

이런 점 때문인지 다이렉트 자동차보험이 젊은 운전자들을 중심으로 큰 인기를 불러모으고 있다. 온라인 자동차보험 시장점유율이 이를 입증해준다. 교보AXA자동차보험(구 교보자동차보험)이 처음으로 영업을 시작한 2001년 10월 이후, 2001 회계연도에는 전체 자동차보험 시장에서 온라인보험 비중이 0.4%에 불과했다. 하지만 2002년 2.3%, 2003년 4.5%, 2004년 7.2%, 2005년 10.2%로 도입 4년만에 10%를 넘어섰다. 그러다가 2006 회계연도에는 13.2%. 2007 회계연도에는 16.6%를 차지하며 꾸준한 성장추세에 있다.

이 같은 인기에 힘입어 현재 삼성화재를 제외한 손해보험사들 모두가 다이렉트 자동차보험시장에 참여하고 있다. 그동안 유일하게 온라인 시장참여를 거부해 온 손해보험 업계 1위사인 삼성화재도 2009년 1월부터 온라인 자동차보험에 본격적으로 뛰어들 예정이다. 이에 따라 향후 2, 3년 안에 온라인 시장이 전체 보험시장의 40% 이상을 차지하리라는 분석까지 나오고 있다.

내 라이프스타일에 맞는지 따져야

　다양한 혜택과 저렴한 보험료라는 장점을 갖춘 다이렉트 차보험이지만 가입자와 보험사가 설계사나 대리점을 통하지 않고 직접 계약하므로 가입할 때 꼼꼼히 따져봐야 한다.

　각종 특약이나 보장내역, 가입조건 등을 꼼꼼히 따져보지 않고 가입할 때 자칫하면 불만이 생길 수 있다. 이는 상품이 다르기 때문이 아니라 가입자 스스로 상품이나 선택사항 등을 제대로 이해하지 못한 경우가 대부분이다. 따라서 가격은 물론 보장내역이 실제로 자신의 라이프스타일에 맞는지 꼼꼼히 비교한 뒤 가입해야 한다.

　인터넷에는 자동차보험을 회사별, 가격별로 비교할 수 있는 웹사이트도 많이 있고, 일부 보험사는 다이렉트 자동차보험 전문가 제도를 도입해 운영하고 있으므로 이 점도 참고하면 유용하다.

자기 잘못이 아닌데 차가 파손되거나 문제가 생기면 속이 상할 수밖에 없다. 속상한 것도 문제지만 이때 어떻게 처리해야 하는지 모르는 경우가 많다. 자기과실이 아닌 다른 사람의 잘못으로 일어난 보험사고를 알아보자.

 ## 고속도로에서 자주 생기는 일

2006년 5월경, 경부고속도로 청주에서 서울 방향으로 시속 100㎞로 달리던 액센트 운전자 A씨는 앞서 주행중이던 화물차에서 화물이 떨어지는 것을 보았다. 순간적으로 차선을 바꿀 수 있는 상황도 아니었다. 어쩔 수 없이 그대로 지나간 뒤 갓길에 정차해 차를 점검한 결과 엔진룸이 완전히 부서져 운행할 수 없었다. 보험사에 연락하고 견인조치 후 결국 폐차처리했다. 화물차는 이미 사라져버렸고, 확인할 수도 없는 상황이었

다. 이때 보상을 받을 수 있을까? 다행히 그는 자동차보험 자기차량손해 담보(자차)에 들어 있어서 중고차 시세가액인 300만원을 보상받았다.

다음 경우는 어떨까? 2007년 2월, 자유로 일산 방향으로 진행중이던 운전자 B씨는 갑자기 '딱' 하는 소리와 함께 앞 유리창이 파손되는 사고 를 당했다. 어두운 저녁시간대인데다 어디서 날아온 돌멩이인지 확인할 수 없었다. 하지만 즉시 손해보험사에 사고발생 사실을 신고해 15만원을 보상받았다. 자기차량손해담보에 들었기에 가능했다.

이처럼 운전자의 잘못이 아닌 사고가 났을 때를 '자기과실이 없는 사 고'라고 한다. 대표적인 예로 주차가 허용된 장소에 정상적으로 주차하 다가 일어난 관리상 과실이 없는 자기차량손해사고(가해자불명 자기차 량손해사고), 화재·폭발 및 낙뢰에 의한 자기차량사고와 자기신체사고, 운행중 소재를 파악할 수 없는 선행차에서 떨어진 물체를 맞아 차가 파 손된 사고, 태풍·홍수·해일 등 자연재해로 인한 자기차량사고, 자기신 체사고 등이 있다. 자기과실이 없는 사고가 났을 때 보상받기 위해서는 자기차량손해(자차), 자기신체사고(자손)에 가입해야 한다.

다만, 이 제도를 악용하는 사례를 막기 위해 자기과실이 없는 사고는 1 년간 할인이 적용되지 않는다. 특히 '가해자불명 자기차량손해사고'는 보험사기 예방을 위해 30만원 이하는 1년 할인유예, 30만원 초과 50만원 이하는 3년 할인유예, 50만원 초과 또는 2건 이상의 사고일 때는 할증을 적용한다는 점도 반드시 알아두어야 한다.

이와는 정반대로 호텔에 들어가면서 차 열쇠를 맡겼는데 주차하던 호 텔 직원이 사고를 냈다거나 수리를 맡긴 차를 정비센터 직원이 시운전하 던 중에 사고를 냈을 때는 호텔 측과 정비센터의 과실이므로 차 소유자 의 책임은 없다.

업무용 차는 더욱 신경 써야

승용차와 업무용 차에 따른 보상 차이도 알아두면 유용하다. C군은 대형 할인마트에 아르바이트로 취직해 소형 트럭을 몰고 배달을 하고 있다. 어느 날, 비스듬한 언덕길 중간에 트럭을 정차해놓고 트럭 적재함에서 물품을 내리던 중이었다. 그런데 주차 브레이크가 밀리면서 차가 움직였고, C군은 트럭 적재함에서 떨어져 팔이 골절되었다. 마트 운송담당 부장에게 이 사실을 알리자, 부장은 "그 트럭은 자기신체사고담보가 포함된 업무용 자동차보험에 들어 있어서 보험으로 처리해줄 수 있을 것"이라고 말했다.

과연 C군은 보상받을 수 있을까? 결론부터 말하면 아니오다. 자가승용차가 주로 가입하는 '개인용자동차보험'에서는 탑승 장소에 관계없이 대부분 보상처리할 수 있지만 승합차나 화물차가 주로 드는 업무용 자동차보험이나 영업용 자동차보험에서의 자기신체사고담보는 '보상하지 않는 손해'라는 면책사유가 있다.

'피보험자가 정규승차용 구조장치가 아닌 장소에 탑승중 생긴 손해'를 면책사유로 규정하고 있는데, '정규승차용 구조장치'란 운전석과 탑승자 좌석, 손잡이가 있는 버스의 입석과 통로, 발 디딤이 있는 이륜차의 앞 뒷좌석 등을 의미한다.

C군처럼 적재함에서 떨어진 경우 자기신체사고담보처리가 되지 않는 것도 이 때문이다. 차 문을 열다가 문에 손가락이 끼는 사고를 당해도 승용차는 보상받지만 업무용 차는 보상받지 못하는 예도 마찬가지다.

업무용은 아니지만 주차장에서 일어난 비슷한 일도 있다. 2007년 11월, 주차장에 주차하고 볼일을 마친 D양이 다시 주차장에 갔을 때 가로로 앞을 막고 있는 차 때문에 빠져나갈 수가 없었다. 다행히 가로막은 차가 기어를 중립에 놓고 핸드브레이크를 잠그지 않아 밀어서 옮길 수 있었다. 차를 조금 밀었는데 마침 약간 내리막길이던 바닥으로 인해 차가 앞으로 많이 움직였다. 다급한 마음에 차 앞으로 달려가 차를 세우려고 했지만 역부족이었다. 그녀는 차 무게로 인해 팔을 다쳤고, 차는 앞 범퍼가 일부 부서졌다.

이 경우에는 어떻게 처리했을까? 안타깝지만 이 사고는 차 주행중의 사고가 아니고 자기차량손해도 아니어서 자동차보험에서 보상하지 않아 치료비와 차량수리비 약 150만원을 전부 자비처리할 수밖에 없었다.

날씨는 사람들의 중요한 관심사 중 하나다. 주5일제 시행으로 야외활동이 많아진 영향도 있다. 그런데 2007년 우리나라에서 특히 관심을 모은 것이 낙뢰였다. 그해 5명이나 되는 등산객이 한꺼번에 목숨을 잃은 데 이어 보초를 서던 군인 한 명이 사망하는 일까지 이어졌다. 이는 지금도 마찬가지다. 자연재해인 경우 '설마 나한테 닥칠까?' 생각하지만 누구든지 언제 어느 곳에서 당할지 모른다.

낙뢰 때는 차 안이 더 안전

2006년 국내에 떨어진 낙뢰는 모두 119만 4,170번으로 하루 평균 3,272번이다. 이 가운데 절반이 넘는 60만번 정도는 7, 8월에 일어난다.

그렇다면 차를 운행하고 있을 때 낙뢰가 떨어지면 어떻게 해야 할까? 누구나 피할 곳을 찾아 차 밖으로 나와야 한다고 대답할 것이다. 하지만 이것은 위험을 자초하는 행동이다. 오히려 차는 도체인 금속으로 둘러싸여 있어서 차 안이 안전하다.

주변에 키 큰 나무나 위험한 물체가 없는 평지를 찾아 차를 멈춘 뒤 시동을 끄고 낙뢰가 그칠 때까지 기다린다. 낙뢰가 많이 치는 때는 교차로 신호등이 고장나거나 가로수가 부러져 안전운전을 위협할 수 있으므로 되도록 운행을 자제해야 한다.

태풍이 칠 때는 어떻게 해야 할까? 태풍은 강한 바람과 비를 함께 몰고 온다. 이 때문에 운전이 불안정해질 수 있으므로 절대 감속해야 한다. 다만, 급감속이나 급제동은 위험하기 때문에 속도를 서서히 줄여야 한다. 특히 교량 위는 차가 더욱 심하게 떨리는데 반드시 속도를 줄여야 한다.

아울러 강풍으로 차가 도로 밖으로 벗어날 수도 있어 각별히 주의해야 한다. 핸들을 돌리지 않아도 바람에 의해 속도가 올라가거나 내려갈 수 있으며 차로에서 벗어날 수도 있으므로 핸들을 꽉 잡고 운전에 집중해야 한다.

❓ 강풍이 불때는 대형차가 더 위험하다?

대형차라고 예외는 아니다. 흔히 대형차는 차체가 무거워 바람에 안전하리라 느껴지지만 정반대다. 삼성교통안전문화연구소에 따르면 차가 무겁고 클수록 강풍의 영향을 많이 받아 주행경로를 더 많이 이탈하는 것으로 나타났다. 차가 시속 120㎞로 달릴 때 순간초속 35m의 바람이 불면 일반 승용차는 1.18m, 버스 같은 대형차는 6.53m, 트레일러는 16.7m를 주행경로에서 벗어나는 것으로 조사되었다. 아울러 강풍이 불 때는 담이 무너지거나 간판이 떨어져 나가고 가로수가 넘어지면서 운행중인 차를 덮치는 사고가 속출하기 때문에 항상 주위 상황에 예의주시하며 운행해야 한다.

집중호우가 내릴 때도 각별히 신경써야 한다. 이때는 전방 시야가 좁아지고 가시거리가 짧아진다. 이 경우 전조등을 켜고 운행하자. 또한 규정속도보다 20~50% 이상 속도를 줄이고, 차간거리를 평소보다 2배 이상 확보해야 한다. 브레이크는 빠르게 여러 차례 나누어 밟는다.

이밖에 잘 모르는 초행길 운행은 삼가며, 침수가 예상되는 건물 지하 공간이나 하천 근처에 주차된 차는 안전한 곳으로 옮겨야 한다. 어쩔 수 없이 운전해야 한다면 산사태나 하천의 수위 변화 등을 주의깊게 관찰해야 한다.

반대로 폭염일 때 장시간 운행 후 시동을 곧바로 끄거나 가속과 감속을 반복하면 엔진이 과열될 수 있다. 여름철 장시간 운행으로 엔진이 과열되었다고 생각될 때는 정차한 뒤 시동을 바로 끄지 말고 약 10분 정도 공회전 상태로 엔진을 냉각시킨다.

본격적인 장마철이 시작되면 자동차 침수사고에 대한 관심이 높아진다. 장마철 집중호우로 인한 자동차침수와 관련된 보험상식과 사고 예방법을 알아보자.

🔍 장마에 침수한 내 차, 보상받을 수 있나?

흔히 물어보는 질문 중 가장 많은 것이 주차해놓은 자동차가 침수된때도 보상을 받을 수 있는가다. 자동차보험의 자기차량손해를 들었다면 보상받을 수 있다. 따라서 강변 및 천변의 주차장이나 지하 주차장 등에 침수된 자동차를 구하려고 무리하게 들어갈 필요가 없다.

그렇다면 운행중에 자동차가 침수되었어도 보상받을 수 있을까? 자동차보험의 자기차량손해에 들었다면 보상받을 수 있다. 도로가 침하된 곳이나 작은 개울에서 급류를 만나면 무리하게 건너지 말고 자동차를 돌려

서 나와야 한다. 만일 상황이 위급하다면 자동차를 그대로 둔 채 피신해
야 한다.

하지만 문을 열어 놓아서 차 안에 물이 들어왔다면 상황이 달라진다.
자동차보험 약관에서 침수란 흐르거나 고인 물, 역류하는 물, 범람하는
물, 해수 등에 차가 잠기는 것을 말한다. 따라서 차가 물에 잠기지 않은
상태에서 차의 도어나 썬루프 등을 개방해서 빗물이 들어간 때는 침수로
보지 않아 보상받지 않는다.

아울러 차 안이나 트렁크뿐만 아니라 적재함에 보관한 물품도 침수되
었을 때 보상받을 수 없다. 따라서 장마철에는 침수되면 망가지는 물품
은 자동차 안에 보관하지 않도록 한다.

집중호우 때는 운전하지 않는 게 최선

침수 손해를 자동차보험에서 보상받으면 보험료가 할증되는가도 살펴
보자. 이는 경우에 따라 달라지는데, 운전자 과실이 없는 침수사고라면
보험료는 할증되지 않는다. 주차장 주차구획 안에 주차해 놓은 자동차가
침수되어 보상받았다면 보험료가 할증되지 않는다. 그러나 이런 경우가
아니라면 운전자의 과실로 보고 보험료가 할증된다.

침수로 자동차를 수리 또는 폐차한다면 보상금을 얼마나 받을 수 있을
까? 자동차보험의 자기차량손해에 들었을 때는 침수되기 전의 상태로
자동차를 원상복구하는 데 소요되는 비용을 보상받을 수 있다. 다만, 사
고 발생시점의 차량가액 한도 내에서만 보상하며, 차의 전부손해가 아닐
때는 자기부담금이 있으면 보상금에서 공제한다.

끝으로, 자동차 침수사고를 예방하려면 어떻게 해야 할까? 우선 집중

호우가 예상되는 지역에서는 자동차 운행을 삼가고, 주차할 장소를 선택할 때는 계곡이나 고수부지, 저지대 등을 피해야 한다. 또한 주차장 안에서 주차할 때라도 주차구획으로 표시한 선 안에 주차하고, 아파트나 건물의 주차장을 이용할 때는 지하보다는 지상을 이용하도록 한다.

'피곤한 타이어'에 관심을 갖자

1903년 미국의 찰스 굿이어 주니어는 새로 개발한 '러버 휠'에 붙여줄 이름을 찾고 있었다. 그러던 어느 날 그의 딸이 내뱉은 한마디에 무릎을 탁 쳤다.

"자동차 부품 중에서 가장 피로한(tired) 게 바퀴인 것 같아요."

러버 휠이라는 이름이 '타이어(tire)'로 바뀐 순간이다. 타이어는 자동차가 달릴 때 노면과 마찰로 인해 높은 열이 나고, 자동차의 엄청난 중량을 감당하며 회전하는 중요한 역할을 한다. 그만큼 타이어는 피곤하다.

 대형사고의 60%는 타이어가 원인

삼성교통안전문화연구소에 따르면 실제 고속도로에 일어나는 대형사고의 60%가 타이어 불량이 원인이며, 이로 인한 사고가 연평균 300여건 이상으로 나타났다. 더구나 승용차 10대 중 3대가 타이어 공기압이 넘치거나 부족한 과부족 상태로 운행중이며, 운전자 10명 가운데 7명은 본인 차의 적정 공기압을 모르고 있다고 한다. 타이어를 소홀하게 다루고 있는 것이다.

타이어 공기압이 모자라거나 넘치면 어떤 일이 벌어질까? 케이싱코드의 약화 또는 외부 충격으로 타이어 파열사고가 날 수 있다. 이뿐만이 아니다. 타이어 공기압이 규정보다 낮으면 타이어와 지면 사이의 접촉저항이 커져 차 성능에 부담을 주는 것은 물론 연료를 과도하게 소모하는 원인이 된다.

따라서 자동차 성능 등을 고려해 자동차 제조사에서는 표준공기압을 정해놓고, 적정 공기압을 표준공기압의 100~110% 정도로 주입하라고 권고한다. 차 모델별 표준공기압은 대개 30psi(최대공기압)이며, 고속주행할 때는 이보다 10~20% 정도 더 주입하도록 한다. 또 타이어 공기압은 1개월 단위로 점검하며, 이때 예비타이어도 함께 점검받아야 한다.

타이어를 오래 사용하려면 급제동 · 급출발을 삼가며, 주행거리 약 4,000~5,000km마다 위치를 바꾸고 가장 양호한 타이어를 앞바퀴에 장착해야 한다. 타이어 교체 시기는 트레드(노면과 닿는 부분) 상태로 판단하는데, 1년에 1만 5,000~2만km를 운행한다고 가정할 때 2, 3년 운행 후 교체하는 것이 좋다.

⦿ 갑자기 타이어가 펑크났다면

운전하다 보면 펑크 난 차들을 간혹 볼 수 있는데, 왜 펑크 나는 걸까? 우선 자동차 바퀴의 균형이 맞지 않았을 때 펑크 나거나 타이어에 바람이 빠져 있어도 펑크 나기도 한다. 또 움푹 파인 곳이나 날카로운 인도

턱에 찢어지는 경우도 있다. 특히 주차할 때 인도턱과 닿아서 펑크나는 일이 종종 생기므로 각별히 주의해야 한다.

만약 주행중에 타이어가 펑크 나면 어떻게 해야 할까? 주행중에 펑크 나면 중심을 잃고 핸들 조작이 힘들어진다. 이 경우 자신도 모르게 중심을 잡기 위해 펑크 난 바퀴의 반대 방향으로 핸들을 돌리게 된다. 하지만 이렇게 하면 차는 중심을 잃고 전복될 수 있다.

따라서 자동차 전문가들은 침착하게 속도를 줄이면서 위험상황을 알리는 비상등을 켜고 펑크 난 방향으로 핸들을 돌려 길 바깥쪽으로 빠져 나와야 한다고 조언한다. 반드시 펑크 난 반대방향이 아니라 펑크 난 방향대로 핸들을 돌려야 한다.

주5일제 근무로 야외활동 인구가 늘면서 차에도 많은 변화가 생겼다. SUV·RV 등 레저용 차가 인기 끄는 것도 이런 변화 가운데 하나다. 하지만 이런 변화에도 불구하고 안전의식은 높아지지 않은 듯하다. 오히려 잘못된 운전습관으로 인해 자기도 모르게 큰 사고를 일으키기도 한다.

캥거루 범퍼, 장착해도 괜찮을까?

레저용 차량들 중에는 범퍼 앞에 철제구조물을 부착한 차량을 자주 볼 수 있다. 흔히 '캥거루 범퍼'라고 부르는 '범퍼보호대'는 외관상 폼도 나고, 강하게 보이는 장점이 있어 많은 사람들이 선호한다. 몇 해 전 정부에서 표본조사한 바에 따르면 레저용 차량의 41%(60만대 수준)가 캥거루 범퍼를 장착한 것으로 나타났다.

왜 캥거루 범퍼라고 부를까? 호주는 땅이 넓고 고속도로가 길어 달리는 차에 캥거루 등 야생동물이 부딪혀 죽는 로드킬(Road Kill)이 자주 발생한다. 야생동물이 죽는 것도 문제지만 사고로 갑자기 핸들을 꺾으면서 2차 사고도 적지 않았다. 그래서 로드킬이 일어나도 핸들을 꺾지 말라고 주문한다. 하지만 핸들을 꺾지 않으면 캥거루가 차량의 앞 유리창에 부딪친다. 즉 여전히 2차 사고가 일어날 수 있다. 캥거루 범퍼는 이를 해결하기 위해 만들어졌다. 이 범퍼는 사고가 났을 때 캥거루 등을 차량 밑으로 끌어내리는 역할을 하도록 고안되었다.

캥거루 범퍼를 장착한 채로 사람과 부딪치면 어떻게 될까? 생각만 해도 끔찍하다. 삼성교통안전문화연구소에서 조사한 바에 따르면 캥거루 범퍼를 장착한 차량이 보행자와 충돌하는 사고를 냈을 때 장착하지 않은 차량에 비해 4배 이상 치명적인 상해를 입히는 것으로 나타났다. 가장 일반적인 보행자 사고 유형인 측면충돌에도 대퇴부가 골반으로부터 탈골되어 영구장애로 이어질 수 있다.

이것만이 아니다. 충격을 흡수하는 역할을 하는 범퍼 등이 제대로 기능하지 못하거나 에어백 오작동 등 다른 위험을 동반하기도 한다. 단순히 멋으로만 치부하기에는 너무 위험하다.

잘못된 습관이 큰 사고를 낼 수도

아울러 안전운전을 위해서는 자기 차량에 어떤 물품이 위험한지, 반대로 어떤 것은 안전을 위한 장치인지 정확히 알아야 한다.

파워핸들의 손잡이도 위험하다. 파워핸들은 핸들을 돌리기가 편하고 한 손으로도 운전할 수 있기 때문에 운전자들 대부분이 사용한다. 그런데 파월핸들에 부착하는 손잡이 역시 사고 날 때 운전자에게 치명적인 무기로 돌변할 수 있음을 알아야 한다.

또한 담배를 피는 사람은 차 실내에 라이터 등 인화성 물질을 두는 일이 많은데 이는 곧바로 화재로 이어질 수 있다. 특히 LPG 가스 차량일 때는 위험강도는 훨씬 크다.

HID 램프의 경우 야간운전에 도움이 된다고 생각하지만 실제로는 맞은편 차량의 시야를 심하게 방해하기 때문에 사고를 유발할 위험이 있다. 속도를 즐기는 사람들이 흔히 하는 엔진튜닝 역시 위험하다. 최근 질소산화물을 이용한 튜닝이 이루어지고 있는데 불법일 뿐 아니라 엔진불량의 원인이 된다.

교통사고로 인해 지출되는 비용에도 종류가 다양하다. 각종 법규가 다르고, 이를 위반한 운전자들의 위반사항 역시 제각각이기 때문이다.

그렇다면 법규 위반별 교통사고 가운데 가장 비싼 대가를 치른 사고는 무엇일까? 2007년, 도로교통안전공단이 2005년 교통사고를 분석한 바에 따르면 철길건널목 통과 방법 위반사고가 가장 값비싼 대가를 치른 것으로 나타났다. 이 경우 치명적인 부상이나 사망자 발생이 뒤따르기 때문에 사고 건당 평균 사상자 비용이 2억 9,883만원으로 집계되었다.

속도 줄이면 돈이 늘어나요

두 번째 비싼 대가를 치른 위반사고는 무엇일까? 다름 아닌 과속이다. 도로교통안전관리공단 조사에 따르면 과속으로 인한 교통사고의 건당 평균 사상자 비용은 1억 5,332만원이다. 중앙선 침범이 3,000여만원, 신호위반이 1,500만원, 안전운전 불이행이 2,200여만원인 것에 비하면 얼마나 차이가 큰지 알 수 있다.

더구나 과속은 철길사고처럼 사고발생 건수도 적지 않다. 2005년 444건의 사고가 발생해 165명의 사망자와 654명의 부상자를 냈다. 과속으로 인한 비용지출도 2005년에 680억원에 이른다. 그야말로 '돈 잡아먹는 과속'인 것이다.

그렇다면 비용을 줄일 수 있는 방법은 없을까? 영국 교통부 산하 연구소의 분석에 따르면 자동차 평균속도를 시속 1㎞ 낮출수록 부상자는 5%, 사망자는 7%씩 감소했다. 이를 우리나라 교통사고 통계에 그대로 적용할 경우 시속 10㎞를 낮추면 예상 절감액은 약 350억원에 이른다. 여러 가지 외부 변수를 배제한 것이므로 정확한 수치라고 할 수는 없지만, 감속으로 인한 연료절감과 사회적 비용이 우리의 상상을 뛰어넘는 수준임은 분명하다.

경제속도, 이유 있었네

속도와 연비의 관계 역시 사람들의 관심이 높다. 교통안전공단에 따르면 가속이나 감속 없이 정속을 유지할 경우 시속 40~60㎞ 구간의 연비가 가장 좋은 것으로 나타났다. 하지만 실제 상황에서는 도로주행중에 가속이나 감속 등이 이루어질 수밖에 없다. 특히 가속이나 감속을 반복할 경우 정속운행 때보다 최고 76%까지 연비가 떨어지는 실험 결과도 있다.

따라서 가속이나 감속이 가장 적게 이루어지는 구간을 기본으로 해서 연비가 가장 좋은 속도를 따져보면 시속 60㎞보다 조금 높다는 결론이 나온다. 시속 60~80㎞가 경제속도라고 말하는 이유가 여기에 있다.

이것만이 아니다. 속도가 지나치게 높으면 연료소모가 일반인들의 예상보다 훨씬 큰 것으로 나타난다. 자동차전문사이트 모토딕에 따르면 평균 주행속도와 연료소모량의 관계에서 속도가 2배로 증가하면 연료소모량 역시 2배 정도 증가한다고 밝혔다. 특히 고속에서는 충분한 연소시간을 확보할 수 없기 때문에 출력이 상대적으로 떨어지고, 차량이 필요한 출력을 확보하기 위해서는 그만큼 많은 에너지(연료)가 소모된다. 이처럼 고속주행은 안전을 위협할 뿐 아니라 경제적인 측면에서도 문제가 크다.

 ## 곳곳에서 새는 돈 줄일 수 있다

알게 모르게 차에서 새는 돈은 이것만이 아니다. 타이어 공기압도 연비와 관련이 크다. 교통안전공단에 따르면 타이어 공기압을 규정공기압 대비 30% 감압할 때 연비가 최고 3% 감소했고, 공기압을 10% 줄일 때마다 연비가 대략 1%씩 감소하는 것으로 나타났다. 더구나 공기압은 운행과 무관하게 시간이 지나거나 기온이 떨어져도 함께 낮아지므로 정기점검을 통해 적정 공기압을 유지하는 것이 좋다.

차량 무게와 공기압의 관계는 어떨까? 마찬가지다. 휘발유 1리터는 780g 정도의 무게가 나간다. 한 번 주유할 때 10리터를 넘지 않으면 가득 채웠을 때에 비해 30kg 이상 줄일 수 있다. 일반적으로 차량 무게가 1% 줄어들면 연비는 0.5~0.6% 정도 개선되는 것으로 알려져 있다.

따라서 차체 무게가 800kg인 차량이 30kg의 무게를 줄이면 2.0~2.4%의 연비개선 효과를 볼 수 있다. 따라서 스노우 체인처럼 당장 필요하지 않은 물건이나 무게가 많이 나가는 짐들은 차에 싣고 다니지 말고 따로 보관하는 것이 좋다.

공회전이나 에어컨 사용도 연료소모와 관련이 깊다. 처음 시동을 걸었을 때의 공회전을 냉간 공회전이라고 하는데, 차종에 따라 분당 25cc에서 36cc가량의 연료가 소모되다가 시간이 지남에 따라 소모량이 점차 감소한다. 냉간 공회전시 5분만 공회전하면 연료소모량이 100~140cc가 되므로 약 1.2~1.5km를 주행할 수 있는 연료가 소모되는 셈이다. 차량의 모든 기능이 정상화된 온간 공회전은 냉간 때보다는 연료소모가 적은 편이다. 어찌되었든 신호대기 이외의 불필요한 공회전은 최대한 줄이는 것이 바람직하다.

에어컨의 경우 송풍기가 1단일 때보다 4단일 때 연비가 훨씬 더 악화된다. 창문을 여는 경우도 공기 저항 증가로 연비가 악화(2~5%)되지만 에어컨 작동에 따른 연비 악화(6~25%)보다는 양호하다.

이처럼 운전습관과 차량 환경을 조금만 신경 써서 개선해도 연료비를 많이 아낄 수 있다. 이를 모으면 그 위력은 훨씬 커진다. 차량 1대당 휘발유 소비액은 연간 200만원에 이른다. 이를 국내 전체 휘발유 차량 소비액으로 환산해보면 연간 20조원 가까이 된다. 이를 경제속도를 지키는 등 다양한 방법으로 차량 1대당 20%의 연료비를 줄인다면 해마다 4조원의 비용이 절감될 수 있다. 경유나 LPG차 운전자들까지 연료절감을 위해 노력한다면 절감 비용은 더 늘어날 것이다.

아울러 환경오염을 줄이거나, 사고를 줄이거나 예방하면서 나타나는 부가적인 사회적인 비용까지 생각한다면 그 효과는 더욱 커질 수밖에 없다. 이처럼 연료절감은 선택이 아닌 필수다.

여성들의 사회활동이 갈수록 활발해지고 있다. 사회 각 분야에 진출한 여성들은 남성들과 대등하거나 그 이상의 능력을 발휘하며 맹활약하고 있다. 여성운전자들이 크게 늘어나는 것도 이런 변화의 한 단면이다. 하지만 여성과 남성은 신체적으로나 감성적으로 차이가 있다. 따라서 여성운전자들은 안전운전 수칙을 더욱 세심하게 이해해야 한다.

 알면서도 빠트리기 쉬운 습관들

여성운전자는 과도한 치장을 자제해야 한다. 하이힐이나 너무 짧은 미니스커트는 순발력이 필요한 상황에서 신속, 정확하게 대응하기 어렵다. 위기상황에서의 1초는 평상시의 1초와는 전혀 다르다. 물론 남성들도 마찬가지다. 운전할 때는 가급적 운전에 방해가 되지 않는 편안한 복장과 신발을 신도록 한다.

차량 내부 장식도 안전운행에 방해될 수 있다. 주렁주렁 매달린 장식은 시야를 가릴 수 있으며, 장식이 앞 유리에 비쳐 시야가 혼란스러워질 수 있다.

여성운전자들은 종종 범죄의 표적이 된다. 인적이 드문 지하 주차장이나 야간운행중에 일부러 접촉사고를 내고 합의금을 유도하거나 보험범죄 표적이 될 수 있으므로 특히 조심해야 한다. 만일 사고 났다면 문을 잠그고, 곧바로 경찰서와 해당 보험사에 연락한 후 도착할 때까지 차량 내부에서 대기하자. 물론 긴급을 요하는 대형사고일 때는 예외다.

남성과 다른 신체적 차이에서 오는 주의사항도 있다. 여성들은 임신 말기 또는 생리기간중에 반사신경과 판단력, 주의력이 떨어진다. 이때는 되도록 운전을 자제하도록 한다.

자세는 바로 하고, 유연하게 대처해야

운전자세도 중요하다. 여성운전자들은 흔히 운전대에 상체를 바짝 붙인다. 하지만 이 자세는 운전대를 조작하기 힘들고, 시야가 좁아지며, 에어백이 작동할 때 얼굴을 다칠 수도 있다. 따라서 허리를 의자 뒤쪽에 바짝 붙인 후 등받이와 의자를 조절하고 다리는 약간 구부린다. 또한 두 팔을 살짝 구부려 밀 듯이 운전대를 잡는 것이 올바른 자세다.

조형은 도로교통공단 통계분석연구원은 이렇게 당부한다.

"초보운전자나 여성운전자들이라면 진행방향 전방만을 주시하는 것은 접촉사고의 원인이므로 사이드미러 및 룸미러를 활용해 전후 측면의 교통상황을 충분히 파악하며, 골목길 등 좁은 도로와 횡단보도에서는 어린이 등 보행자보호에 유의해야 한다. 굽은 도로 등에서는 규정속도를

준수하고, 앞차와의 안전거리를 충분히 확보하며, 초행길이라면 주행 전
지도 등으로 도로 정보를 미리 파악해야 한다.”

조형은 통계분석연구원은 아울러 어린이와 동승할 때는 안전보호장구
를 마련해 뒷좌석에 앉히고, 기본적인 차량 응급조치 요령을 숙지해 갑
작스러운 상황이 생겨도 유연하게 대처해야 한다고 조언한다.

운전자들이 흔히 저지르는 잘못 가운데 하나가 자신의 운전실력을 지나치게 과신하거나 안전운전을 자의적으로 판단하는 태도다. 스스로 안전운전을 하고 있다고 믿지만 실제 도로에서는 난폭운전자인 경우가 많다. 아울러 지나친 과신으로 인해 음주운전을 하는 경우까지 있다.

해서도 있어서도 안 될 음주운전

음주운전 문제는 어제오늘의 문제도 아니며 그 피해 역시 막대하다. 하지만 음주운전은 일상에서 빈번하게 일어나고 그만큼 대형사고로 이어지는 일이 많다.

시중에서 소주 한 병의 소매가격은 1,200원 정도다. 소줏잔으로는 한 병에 7, 8잔 정도 나온다. 따라서 한 잔 값은 대략 150~170원 정도다. 많이 잡아도 200원이 안 된다. 그런데 만약 소주 한 잔 값이 20만원이 넘는다면 과연 누가 마실까? 믿기 힘들지만 사실이다. 심지어 한 잔에 300만 원이 넘는 소줏값을 지불하는 일도 있다.

이는 바로 음주운전 때문이다. 음주운전에 따른 피해를 돈으로 환산해 보자. 우선 소주 1병을 마시고 음주운전하다가 단속에 적발되면 혈중 알 코올 농도가 보통 0.14% 정도 된다. 이때 부과되는 벌금은 150만원 정도. 이를 7잔으로 나누면 21만 5,000원이 된다. 같은 양을 마시고 인명사고 를 냈다면 문제는 더욱 심각해진다.

 술 한 잔 마셨을 뿐인데 2,000만원?

음주 상태에서 신호위반으로 보행자에게 전치 4주의 상해를 입혔다면 종합보험에 들었어도 특례 예외조항에 포함된다. 벌금은 물론 대인·대 물 면책금, 형사합의금, 변호사 선임비 등이 추가로 든다. 이를 돈으로 환산하면 벌금 200만원, 인사사고 면책금 200만원, 운전면허 재취득비 100만원, 변호사 선임비 500만원, 피해자 형사합의금 400만원, 공탁금 500만원, 보험할증료 200만원이다.

변호사 성공사례비를 제외하더라도 도합 2,100만원이다. 소주 한 잔으 로 따지면 300만원인 셈이다. 정신적인 고통이나 사회적인 지위 실추 등 의 눈에 보이지 않는 비용은 제외한, 오로지 금전적인 측면만 계산해도 그렇다.

더구나 음주사고는 나 한 사람에 그치지 않는다. 사회적 비용 역시 엄 청나다. 2004년 기준으로 음주교통사고 사상자 비용은 연간 5,706억원 에 이른다. 사고 건당 평균 비용은 2,268만원 정도다. 음주가 아닌 교통 사고 비용에 비해 1.2배가 높은 수치다.

만약 음주 후 대리운전을 이용했다면 가까운 거리는 1만원, 장거리도 2만원 안팎에서 모든 걱정을 덜 수 있다. 대중교통을 이용했다면 비용은 더더욱 줄어든다. 한순간의 잘못된 선택이 얼마나 다른 결과를 내는지 진지하게 따져봐야 할 때다.

보험료, 아는 만큼 줄일 수 있고 혜택은 더 크게 누릴 수 있다.
보험에 가입할 때 꼭 알아두어야 할 사항에서 특약 고르는 요령, 보험사기에 당하지 않는 방법까지
보험료 아끼는 방법들을 모았다.

보험, 알면 돈 모르면 독 된다

건강하다면 보험은 없어도 되지 않을까? 그렇지 않다. 보험은 당장의 필요보다는 미래의 불확실한 위험에 대비하기 위해서다. '일찍 죽을 위험'과 '돈 없이 오래 살 위험'이 모두 보험의 주요한 보장대상인 것도 이 까닭이다. 이런 점에서 건강한 사람도 건강하지 않을 때를 대비해서 보험이 필요하다.

그런데 엉뚱하게도 건강할수록 보험료를 낮추는 곳이 있다.

보험료의 절반을 보험사가 내준다?

해외에서 흥미로운 기사가 소개되었다. 영국의 건강보험사인 프루헬스의 독특한 프로그램이 그것이다. 이 보험사는 헬스클럽을 이용하거나, 체중을 줄이고, 독감예방 접종을 하는 등 자신의 건강을 스스로 돌보는 보험계약자에게 보험료를 할인해주는 '활력프로그램'을 운영해 좋은 반응을 얻고 있다. 계약자들로서는 자신의 건강을 향상시키면서도 최대 75%까지 보험료를 줄일 수 있으니 관심이 높은 게 당연하다.

프로그램에 참여하면 헬스클럽·금연테라피·스파리조트·건강검진센터 프로그램 파트너와 연계해 건강관리가 모니터링된다. 식이요법이나 운동을 모니터링하도록 허용한 보험 가입자가 할인대상이며, 반대로 운동 의지가 없는 가입자에게는 페널티가 부과되어 보험료가 오히려 오른다. 한번 시작하면 제대로 해야 한다는 뜻이리라.

프루헬스의 이 같은 보상체계는 2004년부터 시작해서 현재 14만명 이상이 등록되어 있을 만큼 인기가 높다. 보험료를 할인받는 것도 즐거운 일이지만 자신의 건강관리를 스스로 약속하고 실천하는 과정이므로 그 의미가 더욱 크다.

🗄 건강체 할인제도, 꼼꼼하게 챙겨야

그렇다면 우리나라는 어떨까? 국내 보험사에도 건강한 사람들에게 혜택을 주는 서비스가 있는데, '건강체 할인제도'가 그것이다. 이는 보험사가 정한 약관에 따라 일정기간 담배를 피우지 않거나 비만·혈압 등이 정상일 때 보험료를 할인해주는 서비스로, 국내 보험사들 대부분이 채택하고 있다. 적게는 5%에서 많게는 10% 이상 보험료를 할인받을 수 있다. 종신보험이나 치명적인 질병보험 같은 비싼 보험료를 내는 상품에 적용되므로 할인받는 금액이 결코 적지 않다.

하지만 아쉽게도 이 서비스를 이용하는 고객은 전체의 10%가 채 되지 않는다. 보험사와 설계사들이 적극적으로 권하지 않는 탓에 소비자들이 이 제도 자체를 잘 모르고 있다. 설계사들이 이런 혜택을 설명해봤자 설계사 자신에게 아무런 이득이 없으니 굳이 보험에 들라고 권유하지 않는다. 즉 할인혜택이 많아질수록 설계사가 가져가야 할 수당이 줄어들기 때문에 건강체 할인제도를 적극 권하지 않는 것이다.

건강체 할인혜택을 받기 위해 일반 사람들의 경우보다 훨씬 까다로운 검증절차를 거쳐야 하는 것도 문제다. 번거롭기도 하고 자칫하면 보험 가입 자체를 거절당할 수도 있다.

"설계사가 된 뒤에 단 한 번도 건강체 할인제도를 권하지 않았습니다. 괜히 권했다가 가입조차 하지 않으면 안 되니까 권하지 않게 되죠."

외국계 생명보험사에서 2년간 설계사로 근무했던 이모 씨의 말이다. 이처럼 세계 7위의 보험강국이면서도 가입자에게 좋은 혜택을 제대로 알려주지 못하는 현실, 그리고 보험 가입자들의 정보 부족이 안타깝다.

우리는 일생을 살아가면서 수많은 일을 경험한다. 특히 전혀 예상하지 않았던 사고를 당하기도 하고 위험한 상황에 놓이기도 한다. 이런 위험은 자기 자신은 물론 가족에게 정신적 상처와 경제적 손실을 가져오며 가족 전체의 삶을 송두리째 앗아갈 수도 있다.

그래서일까? 세계적으로 돈 관리능력이 뛰어나다고 인정받는 유대인들은 부를 늘리는 방법 중 하나로 보험을 선택한다. 그들은 어떻게 보험으로 돈을 불리고 부자가 되었을까?

 보험으로 부자가 된 유대인들

최근 들어 재무설계와 관련된 이야기를 많이 한다. 재무설계를 고민할 때 주택자금 마련이나 자녀 교육자금 또는 펀드 등 단기자금 운용에 한정하는 예가 많다. 그런데 조금만 달리 생각해보면, 자녀가 있는 부모는 현재 갖고 있는 자산의 성격이 어떻든간에 모두 자녀에게 넘겨줄 수밖에 없다. 그래서 재테크 전문가들은 재무설계를 할 때 반드시 상속과 관련된 인생 전반의 장기적인 계획을 세워야 한다고 충고한다. 이 가운데 보장자산도 상속과 밀접하게 연관된다. 여기서 보장자산이란 가장에게 갑작스러운 위험이 생겼을 때 가족이 받을 수 있는 사망보험금의 전체 합계액을 말한다.

선진국에서는 재무계획을 세울 때 보장자산 설정이 큰 비중을 차지하고 있고, 특히 미국으로 이민간 유대인들이 자식들에게 보험을 물려주면서 부를 축적한 일화는 지금까지도 유명하다. 가난했던 유대인 할아버지는 적은 돈으로 보험에 들어서 죽기 전에 보험금을 아들에게 물려주었다. 아들은 그 돈을 다시 보험에 넣어 보험금의 규모를 키웠고 더 많은 보험금을 상속받았다. 아들은 다시 더 큰 규모로 보험에 들어 이를 손자에게 물려주었다. 그렇게 세대가 이어져 손자는 보험금만으로도 세계적인 부자가 되었다. 적은 돈으로 든 보험을 활용한 대단한 재무설계가 아닐 수 없다.

유대인은 아니더라도, 경제력을 높이는 방법 중 하나로 보험을 활용한다면 얼마나 좋을까? 이처럼 다음 세대를 위한 재무계획 수립에 효율적인 보험 중 하나가 종신보험이다. 종신보험은 상속이 시작될 때 필요로 하는 자금을 보험금으로 바로 활용할 수 있으며, 사전에 가입하기 때문에 저렴한 비용으로 상속을 준비할 수 있다. 실제 납입한 원금보다 많은 사망보험금을 받더라도 이자소득세를 내지 않는 점 역시 장점으로 꼽히고 있다.

내가 죽으면 누가 보험금을 탈까?

보험과 관련된 상속 형태를 살펴보자. 지금 갖고 있는 자산이 많지 않고, 한정된 소득으로 충분히 저축할 수 없는 가구라면 떠나간 가장이 상속자금으로 마련해놓은 보험금이 가족에게 귀중한 유산이 될 수 있다. 이와는 반대로 현재 자산이 풍족하다면 나중에 자녀나 배우자가 엄청난 상속세를 내야 수도 있는데, 50%에 달하는 상속세를 내는 일도 없지 않다.

한편 보험금은 보험 수익자에게 돌아간다는 점을 꼭 알아두어야 한다. 얼마 전 교통사고로 남편을 떠나보낸 주부 A씨는 보험금을 청구하려고 보험사를 찾았다가 그 자리에 주저앉고 말았다. 남편이 든 보험의 보험 수익자가 자신이 아닌 전처 B씨였던 것이다. A씨는 자신의 안타까운 사정을 호소했지만 계약서를 뒤바꾸지는 못했다.

"저희 지갑을 털어서라도 도와드리고 싶은 심정이었습니다. 하지만 계약서 때문에 보험금을 B씨에게 드릴 수밖에 없었습니다."

당시 이 일을 담당했던 보험사 직원의 말이다.

이는 보험수익자 지정이 얼마나 중요한지 보여주는 대표적인 사례다. A씨처럼 남편이 재혼했다면 보험계약의 수익자가 누구인지 반드시 확인해야 한다. 보험계약자는 언제든지 보험수익자를 바꿀 수 있다. 따라서 문제가 있을 때는 반드시 계약서 내용을 고쳐야 한다. 아울러 수익자를 명확하게 지정하지 않으면 보험금이 법적 상속인에게 돌아가므로 복잡한 문제가 생길 수 있다.

 ## 사망보험금도 상속재산에 포함될까?

　보험계약 역시 법률적인 계약이다. 따라서 보험과 관련한 여러 가지 법률기준을 분명하게 알고 있어야만 한다. 그래서 일반인들이 궁금해하는 보험 관련 법률상식들 중에서도 보험 가입자의 사망과 연관된 대표적인 것을 모아보았다.

　첫째, 사망보험금도 상속재산에 포함되는가? 결론부터 말하면 보험금은 상속재산 중 하나다. 예를 들어보자. 아버지가 보험계약자 및 보험대상지이고, 아들이 아버지가 죽었을 때 보험금을 받는 보험수익자라면 아버지의 사망에 따른 사망보험금은 아들의 상속재산에 속한다. 또한 아들을 보험계약자와 보험수익자로 하고, 아버지가 보험대상자라고 해도 실제 보험료를 아버지가 납입했다면 이때도 사망보험금은 상속재산에 포함된다. 다만, 아들이 본인 소득으로 보험계약자와 수익자가 되면서 보험료를 납입했다면 보험대상자인 아버지 사망보험금이 상속재산에 속하지 않는다.

　보험계약으로 자녀에게 증여한다면 증여세 과세대상일까? 주변을 둘러보면, 증여세를 피하려고 증여 형태를 띠지 않으면서 재산을 옮기는 방법을 찾는 경우가 적지 않다. 이런 일이 빈번한 까닭에 증여로 판단되는 재산의 이전에 대해서는 증여세를 과세한다. 따라서 보험계약의 형식을 빌어 아버지가 아들에게 증여했다면 이 역시 당연히 증여세 과세대상이 된다.

　그렇다면 반대로 보험금에도 압류가 들어올 수 있을까? 상속과 함께 자주 하는 질문이다. 보험계약으로 생기는 채권은 법률적으로 압류가 금지된 채권이 아니므로 당연히 압류대상이 될 수 있다. 간혹 돈을 빌려준 사람이 돈을 받으려고 소송을 제기하거나 재산을 가압류할 때, 채무자가 자신의 재산을 숨기려고 보험계약자를 바꾸는 일이 있다. 하지만 이는 형사상 강제집행면탈죄에 해당하며, 민사상으로는 채권자를 해하는 행위로 채권자 취소권에 해당되어 계약자 변경이 취소될 수 있음을 명심해야 한다.

보험료 아끼는 7가지 방법

고물가·고환율 시대 속에서 돈의 가치는 갈수록 떨어지고 가계 살림은 빠듯해진다. 이럴 때 누구나 보험이라도 줄이거나 해약하고 싶어 한다. 하지만 보험은 적은 돈으로 큰 효과를 누릴 수 있는 금융상품이므로 어려울 때일수록 보험을 지키는 것이 최선이다. 더구나 조금만 세심하게 신경쓰면 의외로 보험료를 아낄 수 있는 방법도 꽤 많다. 알뜰살림이란 세심함에서부터 시작되는 법이다.

10%까지 할인받을 수 있는 서비스들

우선 '건강체 할인제도'가 있다. 다만, 모든 상품을 할인하는 것은 아니다. 종신보험이나 CI(치명적 질병)보험 등 고액 보장성 보험이라면 건강체 할인제도를 이용할 수 있다. 이미 들었어도 보험료를 할인받을 수 있으므로 보험사에 건강체 할인제도를 문의해보자.

　물론 할인받으려면 보험사가 정한 진단기준에 맞아야 한다. 기준에 맞다면 적게는 월 보험료의 1%에서 많게는 10%까지 보험료를 줄일 수 있다. 보험사나 설계사들 입장에서는 경제적인 이득이 줄어드는 탓에 이 서비스를 적극 권하지 않는다. 따라서 보험 가입자 스스로 찾아보는 노력이 절실하다.

　건강체 할인제도와 함께 '단체할인 서비스'도 기억하자. 직장동료들 중에 같은 보험사 가입자 5명을 찾으면 된다. 대부분의 보험사들은 한 회사나 단체에 5명이 넘는 계약자가 있을 때 단체취급 특약으로 보험료를 내려주는데, 이를 통해 보장성 상품은 월 보험료의 1.5%, 연금보험은 월 보험료의 1%까지 할인받을 수 있다. 이 경우 해당 보험사와 단체협약이 되어 있는 회사여야만 한다. 순차적으로 5명 이상을 모집해도 상관없고, 보험상품 종류 역시 같지 않아도 괜찮다.

　'은행 자동이체'에 따른 할인도 알아두면 좋다. 자동이체로 보험료를 내면 1%의 보험료를 할인받을 수 있다. 최근에는 종신·CI보험만 1% 내외의 할인혜택을 주고, 저축이나 연금보험은 혜택이 없다는 점도 유념해야 한다.

보험료 아끼는 7가지 방법

- 담배 끊고 보험료 할인 신청하세요, '건강체 할인제도'
- 동료들을 모으세요, '단체할인 서비스'
- 은행에서 자동이체 신청하세요, '보험료 자동이체 할인서비스'
- 저축성 보험, 연금보험도 기회 있습니다, '고액보험 할인서비스'
- 종신 CI보험에는 할인이 또 있습니다, '고액계약 할인서비스'
- 자녀가 2명 이상이면 서두르세요, '가족사랑 보험료 할인서비스'
- 효도하세요 보험료가 내려갑니다, '부모사랑 할인서비스'

 ## 1%의 가족 사랑, 할인은 더 크게

저축성 보험이나 연금보험 역시 할인혜택이 있다. 어떤 보험사는 월 보험료 기준으로 100만원이 넘는다면 1%까지 보험료가 할인되고, 200만원을 넘으면 1.5%까지 할인받을 수 있다. 이를 '고액보험료 할인제도'이라고 한다. 종신·CI보험이라면 '고액계약 보험료 할인제도'를 생각해볼 만하다. 보험 가입금액에 따라 추가로 할인받을 수 있는데, 보험 가입금액이 3억원을 넘으면 최고 5%까지 할인되기도 한다.

저출산이 사회문제가 되면서 정부의 출산장려정책에 따라 자녀가 2명 이상이면 보험료가 할인되는 '가족사랑 보험료 할인'도 도움이 된다. 보험사마다 조금씩 다르기는 하지만 1%까지 추가할인받을 수 있다.

아울러 효도하면 보험료가 내려가기도 한다. 이상하게 들릴지 모르지만 사실이다. '부모사랑 할인제도'가 바로 그것이다. 보험에 들 때 자녀가 계약자이고 부모를 보험대상자 및 수익자로 정하면 최고 1.5% 할인받을 수 있는 상품도 있다. 그런데 무조건 할인해주는 것이 아니며, 보험사마다 차이는 있지만 건강체 할인특약을 제외한 나머지 할인서비스는 대부분 중복으로 할인되지 않는다. 결국 할인폭이 가장 큰 상품을 골라야 한다.

 ## 보험금, 크다고 다 좋은 상품 아니다

보험 가입자들은 보장을 탄탄하게 하려고 보험료를 무리하게 책정하기 쉽다. 이에 대해 보험전문가들은 자신의 소득이나 경제력을 종합적으로 감안할 때 보험료는 가계 수입의 10% 내외로 해야 한다고 충고한다.

아무리 좋은 상품이라도 매월 내는 보험료가 부담되면 중도에 해약하기 쉽고 이 때문에 손해 볼 수 있기 때문이다.

경제적인 부담을 줄이는 방법으로 특약을 활용하는 것도 생활의 지혜다. 보험상품은 주계약과 선택특약으로 구성되어 있다. 기본적인 보장이 정해져 있는 주계약과 함께 자신에게 필요한 보장을 추가할 수 있는 선택특약을 잘 고르면 다양한 혜택을 누릴 수 있다. 선택특약은 대체로 값이 싸다. 이 때문에 주계약에 없는 보장을 받기 위해 다른 상품에 들기보다는 선택특약으로 보장을 늘리는 것도 좋은 방법이다.

보험상품을 고를 때 '보험금이 크면 무조건 좋은 상품이다'라고 생각하기 쉽다. 하지만 일어날 확률이 극히 낮은 특정 사고나 질병에 보험금을 높여 판매하는 상품들이 있으므로, 겉으로 드러난 보험금보다는 보험상품을 자세히 살펴보는 지혜가 요구된다.

높은 보험금에만 관심을 두면 자칫 현혹되기 쉽다. 차라리 이런 상품보다는 특정분야의 최고보험금은 조금 적어도 일어날 확률이 높은 암·재해·입원·사망 등 다양한 부분을 폭넓게 보장하는 상품에 가입하자.

물건은 사면 자기 것이 되고, 서비스도 편익이나 효용을 즉시 몸으로 느낄 수 있는 반면에 보험은 미래에 일어날지도 모를 위험을 담보로 가입하는 보이지 않는 상품이다. 그래서일까? 다른 상품과는 달리 유독 보험만은 기본 설명서조차 읽지 않고 설계사에게 맡겨버리는 일이 많다.

보험도 다른 계약처럼 적지 않은 돈을 내야 하고, 더구나 오랫동안 내야 하는 중요한 계약이다. 따라서 계약서조차 읽지 않고 사인해서는 안 된다.

웃어야 할지 울어야 할지, 보험의 이중성

보험은 본인 의지로 계약하고도 가입자가 그 혜택을 보지 않기를 바라는 아이러니컬한 상품이다. 종신보험에 든 사람이 보험금 때문에 죽기를 바라지 않는다. 건강보험이나 상해보험에 든 사람도 큰 병에 걸려 수술

받는 일이 없기를 바라기는 마찬가지다. 비록 계약은 했지만 보험금이 생명, 건강과 바꿀 수 있을 만큼 중요한 것은 아니지 않은가.

아울러 일반 사람들은 보험은 미래에 생길 모든 위험을 보장해주어야 한다고 믿는다. 하지만 진실은 좀 다르다. 가령 종신보험은 99% 이상 보험금을 주는 상품으로, 죽음을 담보로 하는 상품이어서 보험금 지급 기준이 분명하다. 하지만 질병보험은 특정 부위의 특정한 질병을 담보로 하는 상품인 까닭에 특정 질병에 해당하는지, 그 증상이 새롭게 생겼는지 아니면 예전부터 있었는지 따져야 할 점이 많다. 이것만이 아니다. 의학기술의 발달로 갖가지 치료법이 새롭게 등장해 보험금 지급 기준을 판단하기 어려운 사례도 종종 있다. 보험 관련 민원이 자주 일어나는 것도 이런 이유에서다.

그럼에도 불구하고 보험은 여전히 우리 생활에 없어서는 안 될 금융상품이고, 아무 문제 없이 보험금을 지급하는 건수가 전체의 97%를 넘고 있다는 사실은 아이러니컬하다.

 가입 전에 반드시 확인해야 할 5가지

그렇다면 보험전문가들이 말하는, 보험에 들기 전에 반드시 확인해야 할 체크 포인트는 무엇일까?

첫째, 보험의 종류를 반드시 확인해야 한다. 연금보험이라면 'ㅇㅇ연금보험' 식으로 모든 보험은 상품이름 뒤에 그 종류가 적혀 있다. 아무리 어려운 표현을 써도 상품이름의 앞 글자만 읽어보면 어떤 보험인지 쉽게 알 수 있다. 만약 단기저축성 보험을 원했는데 ㅇㅇ연금보험이라면 무조건 잘못되었으니 정확히 따지고 넘어가야 한다.

둘째, 보험기간과 납입기간을 꼭 확인해야 한다. 예를 들어 '10년납 80세 만기'라면 보험료를 10년 동안 내야 하는 보험으로, 보장받을 수 있는 기간은 80세까지라고 생각하면 된다. 납입기간은 보험료를 내는 기간을 말하는데, 보험기간보다 짧거나 같게 되어 있다. 납입기간이 반드시 만기가 아니라는 뜻이다. 본인이 원하는 기간에 맞추어 제대로 되어 있는지 확인하려면 상품설계서, 청약서, 보험증권에서 보험기간과 납입기간을 찾아보면 된다.

셋째, 수익률은 보험에서 부차적이다. 은행은 저축, 증권은 투자라면 보험은 위험보장이 주된 기능이다. 투자수익을 기대할 수 있어 인기가 높았던 변액보험조차 수익률이 중심이 아니라 보장이 우선이다. 혹시 수익률만을 기대한다면 보험 가입을 다시 생각해야 한다.

넷째, 얼마를 받는지보다 얼마를 내는지를 먼저 따져야 한다. 무리한 가입은 중도해약이라는 아픔을 주기 마련이다. 따라서 자신이 낼 수 있는 보험료 수준을 냉정하게 따져보는 지혜가 필요하다.

마지막으로, 계약서류와 보험사의 안내장을 반드시 챙겨야 한다. 보험사에서 받은 약관·설계서·증권 등이 다소 어렵더라도 꼼꼼히 살펴보는 인내심이 필요하다. 한 번의 계약이 평생을 갈 수도 있는만큼 따질 것

보험에 가입할 때 확인해야 할 5가지 체크 포인트

- 보험 종류를 반드시 확인.
- 보험기간과 납입기간늘 확인.
- 보험은 투자수익보다 보장이 우선.
- 얼마를 내야 하는지 먼저 따질 것.
- 계약서류와 안내장을 반드시 챙기자.

은 철저하게 따져야 한다. 보험설계사는 바뀔 수 있지만 계약서는 끝까지 남기 때문이다.

 1년에 한 번은 계약 내용을 다시 보자

보험은 적지 않은 돈을 오랜 기간 내야 하므로 어떤 상품보다도 까다롭게 따져야 한다. 그런데 상당수 사람들은 상품보다는 설계사를 보고 보험에 들거나 자료보다는 설계사의 설명을 더 중시하는 경향이 있다. 보험 관련 민원을 제기하는 사람들을 살펴보면 공통점이 있다. 계약 내용을 모르고 보험에 가입한 것이다. 물론 좀더 정확하고 자세하게 알려주지 못한 보험사나 설계사의 책임도 간과할 수 없다.

보험혜택을 제대로 받으려면 계약자 스스로의 노력이 우선되어야 한다는 사실을 명심하자. 각종 서류를 꼼꼼히 따져보고 적어도 1년에 한 번씩은 약관이나 계약서를 다시 살펴보도록 한다. 특히 보험사에서 매년 정기적으로 보내는 계약 안내장은 계약 내용을 이해하는 데 큰 도움을 주므로 반드시 읽어보는 습관을 들여야 한다. 이것만 잘 지켜도 당신은 보험의 진정한 가치와 혜택을 누릴 자격이 충분하다.

중학교 교사인 K씨는 차를 타고 학교와 집을 오간다. 그런데 많은 학생들이 학교 앞 도로를 오가다 보니 사고가 나지 않을까 하는 걱정이 앞섰다. 그래서 학교 근처에만 오면 불안해졌다. 그래서 보험사에 이를 대비할 자동차보험 상품이 있는지 알아보았고, 주계약에 첨부되어 있는 특약으로 걱정을 덜었다.

보험 특약은 매우 다양하다. 더구나 특약만 잘 챙겨도 약이 되지만 잘못하면 독이 될 수 있는 것이 보험이다.

 보통약관과 특약은 무엇이 다른가?

보험설계사들의 말이나 보험광고를 보면 '특약'이라는 말이 자주 나오지만 들어도 무슨 말인지 금방 와닿지 않는다. 특약은 '특별약관'을 줄인 말로, '보통약관'과 구별짓기 위해 만든 용어다. 보험상품은 보통약관을 뜻하는 주계약과 이를 보충하는 특별약관으로 구성되어 있는데, 주계약이 보험상품의 뼈대를 이룬다면 특약은 다양하게 고를 수 있는 일종의 옵션이다. 따라서 특약은 당연히 주계약보다 가격도 훨씬 싸고 반드시 들어야 할 의무도 없다.

하지만 보험에 가입해본 사람들이라면 다들 알겠지만, 보험에 들 때 주계약 하나만 하는 예는 거의 없다. 주계약과 그 밑에 여러 개의 특약을 고르는 것이 일반적인 순서다. 그런데 주계약에 신경쓰는 사람들도 특약에는 신경을 기울이지 않는 경우가 많다. 특약은 보통 몇 천원 정도 하는데 가격 부담이 적어서인지 가볍게 생각하기 쉽다. 하지만 불필요한 특약을 많이 했다가 보험료가 부담되어 주계약마저 해약하는 일도 있고, 자세하게 알아보지도 않은 채 가입했다가 나중에 보상 여부를 둘러싸고 분쟁이 일어나는 일도 적지 않다.

알아두면 유익한 특약들

특약은 종류가 많고 보험사와 가입자에 따라 조금씩 차이가 나 이 책에서 일일이 다 소개하기는 어렵다. 하지만 2008년 2월, 금융감독원에서 소개한 자료를 토대로 하면 대강의 윤곽은 들여다볼 수 있다.

특약은 크게 보험인수 관련 특약, 보험료 계산이나 납입방법 관련 특약, 보험금 지급 관련 특약 등으로 나눌 수 있다. 우선 보험인수 관련 특약에는 건강상태가 양호한 건강체와 비흡연자에게 보험료를 할인해주거나, 보험에 들기가 어려운 조건에 있는 사람에게 특별한 조건을 전제로 가입할 수 있도록 하는 방법이 있다.

당뇨로 고생하는 사람이 질병보험에 들려고 할 때 보험료를 좀더 내고

알아두면 유용한 보험 특약

보험인수 관련 특약	
구분	**예시**
특별한 조건을 전제로 보험 가입을 승낙하는 형태	특별조건부 특약, 특정부위, 특정질병 부담보 특약 이륜자동차 운전 및 탑승중 상해부 담보 특약
건강상태가 양호한 경우 보험료를 할인하는 형태	우량체 할인(건강우대) 특약, 비흡연자 할인 특약

보험료 계산 및 납입방법 관련 특약	
구분	**예시**
특별한 조건 충족시 보험료 할인	출산장려 보험료 할인 특약, 장애인 가족우대 특약
보험료 납입 방법 선택	보험료 자동납입 특약, 신용카드 납입 특약
기타	보험료 납입면제 서비스 특약

보험료 지급 관련 특약	
구분	**예시**
보험 가입자의 필요에 따라 보험금 수령 방법을 변경	사망보험금 선지급 특약, 사망보험금 양육 연금전환 특약, 사후정리 특약

기타 제도성 특약	
구분	**예시**
특정 금융상품 가입 또는 고연령자, 국가유공자 등 특정 신분에 세제혜택 또는 보험금 추가 지급	세금우대종합저축 적용 특약, 생계형 저축 특약

보험금을 줄이는 것을 전제로 할 수 있다. 아울러 어떤 특정 질병으로 진단을 받고 수술했다면 그 질병을 제외한 나머지 다른 질병을 보장하는 특정부위 · 특정질병 부담보 특약도 같은 방식이다. 일정 조건을 갖추었다면 보험료를 낮추어주는 특약도 있는데, 그 대표적인 예가 출산장려

보험료 할인 특약이나 장애인 가족 우대특약 등이다.

이와 함께 보험료 납입 방법에 관련된 것으로, 자동납입 특약이나 납입면제 서비스 특약도 참고할 만하다. 만약 보장성 보험에 든 사람이 납입면제 특약에 든다면 치명적인 사고로 경제력을 잃거나 암 진단을 받았을 때 보험료 납입을 면제받을 수 있다.

보험금을 받는 방식에 관한 특약도 다양하다. 사망보험금을 먼저 지급받거나, 양육연금으로 전환하는 특약, 장례 등의 사후정리 특약 등이 대표적이다. 이밖에도 고령자나 국가유공자 등 특정 신분에게 세제혜택을 주거나 보험금을 추가로 주는 특약도 있는데, 이는 노인·장애인·상이군인·기초생활수급자 등의 사람들이 생계형 저축을 신청하면 이자소득 비과세 혜택을 주는 방식이다.

나에게 어울리는 특약도 다양

앞에서 예를 든 중학교 교사 A씨처럼 손해보험사들이 판매하는 자동차보험에 관련된 특약도 매우 다양하다. 출장이나 여행 등으로 해외에서 운전해야 한다면 사고가 날 때를 대비한 해외운전중 사고담보 특약, 자동차사고가 날 때를 대비한 화해지원금 특약, 보호자 위로금 특약, 문병지원금 특약 등도 흥미롭다.

골프를 즐기는 인구가 늘면서 골프장 가는 길에 사고가 날 때 위로금 등을 주는 특약상품을 판매하거나, 저녁 술자리를 마친 후 대리운전을 찾는 인구가 늘면서 대리운전 위험보장 특약도 최근 인기를 얻고 있다. 또한 여성운전자가 사고나거나 남성운전자의 배우자가 사고났을 때 성형이나 치아보철 위로금, 가사 및 보모 비용 등을 주는 특약도 있다.

비상급유 견인 등 긴급출동서비스나 법률비용 지원금은 이미 널리 알려진 내용이다. 특히 법률비용지원금은 자동차사고로 다른 사람을 죽게 하거나 10대 중과실로 다치게 했을 때 형사합의금·방어비용·벌금 등을 지원하는 특약이다.

어린이들이 교통사고를 당했을 때를 대비한 특약도 눈길을 끈다. 만14세 이하 어린이가 스쿨존에서 교통사고를 대비한 스쿨존 안심특약이나, 교통사고로 성장판과 관련된 부위에 골절 손상을 입을 때를 대비한 성장판 안심특약 등이 대표적이다.

특약을 고를 때 꼭 확인해야 할 것들

싸다고 무조건 다다익선을 외치다가는 자칫 보험료 부담만 커질 수 있고, 나중에 보험금을 받을 때 분쟁이 일어나 보험사와 보험상품을 불신하는 결과로 이어질 수도 있다. 그러므로 특약을 고를 때 그 특약이 자신에게 꼭 필요한지 잘 따져야 한다. 은퇴한 고령자가 출·퇴근 안심특약에 가입한다면 보험료만 낭비하는 꼴이지 않겠는가.

한편, 특약상품이 많이 나오다 보니 보험사에서 보험금을 주어야 하는 사유가 생겼음에도 불구하고 이를 제대로 처리하지 않아 가입자가 보험금을 받지 못하는 사례가 종종 있기도 하다. 이 때문에 2007년, 금융감독원은 478종의 자동차보험 특약 가운데 36.6%인 175종을 폐지하는 등 자동차보험 관련 특약을 대폭 정리했다.

특약 역시 주계약 못지않게 꼼꼼하게 따져야 불이익을 당하지 않는다는 점을 꼭 명심하자.

꼭 필요해서 든 보험이었는데 개인적인 경제사정으로 보험료를 연체하거나 손해인 줄 알면서 해약하는 사례가 의외로 많다. 하지만 보험전문가들은 한결같이 말한다.

"해약하고 나서 곧바로 후회하는 일이 많다. 당장의 어려움을 피하려다가 나중에 더 큰 어려움을 겪는다. 따라서 아무리 힘들고 어려워도 보험은 되도록 유지해야 한다."

요즘처럼 불경기에 보험계약을 유지하기가 힘들다. 하지만 방법만 알면 보험료 부담으로 인한 어려움은 덜 수 있다.

자동대출 납입과 일시중지를 활용하라

보험계약을 유지하는 방법으로 우선 보험료 자동대출 납입제도를 들 수 있다. 보험료를 내지 못하는 처지라면 보험사에 자동대출 납입 신청을 하고, 이때 보험사는 해약환급금으로 보험료를 낼 수 있는 기간까지 계약을 연장시켜준다. 다만, 자동대출도 이자가 발생하며, 대출금과 이자를 합한 금액이 해약환급금을 넘을 때는 보험계약의 효력이 없어진다는 점에 유의해야 한다. 또한 이 제도는 1년 단위로 운용되므로 계속 활용하려면 1년마다 다시 신청해야 하는 점이 번거롭다.

두 번째는 보험료 납입 일시중지 제도를 활용하는 방법이다. 이 제도를 활용하면 어려울 때 기본 보험료를 내지 않을 수 있다. 더욱이 자동대출 납입제도와 달리 이자가 부과되지 않으면서 보장은 계속 받을 수 있는 장점이 있다. 다만, 이 제도는 보험사가 정한 18개월 또는 2년의 의무 납입기간이 지나야만 이용할 수 있고, 보험료 납입을 일시중지할 수 있는 기간은 해약환급금으로 보험료의 대체납입이 가능한 기간이다.

세 번째는 보장금액 감액이나 특약 일부를 해약하는 방법이다. 여러 개의 생명보험과 손해보험에 가입하면서 주계약과 특약의 보장금액이 중복되거나 과잉되었다면 불필요한 부분을 줄여 보험료를 낮출 수 있다.

주계약이든 특약이든 실비보장 성격의 보험금은 보장금액 한도 내에서 실비만 주고, 중복지급도 허용되지 않는다. 따라서 불필요한 부분을 줄여야 한다. 다만, 보장금액을 줄인 후부터는 다시 증액하기 어려우므로 전문가의 도움을 받아 처리하자.

종신보험의 경우, 가족 부양 책임이 없는 피보험자라면 사망보장 금액을 감액해 보험료를 줄일 수 있다.

적립보험료 줄이고, 중도인출도 방법

네 번째는 적립보험료를 줄이는 방법이다. 이는 민영 의료보험, 어린이보험, 운전자보험에만 해당된다. 이들 상품은 보장보험료와 함께 적립보험료를 내는데, 만일 만기환급률을 높이려는 의도로 처음에 들 때 적립보험료를 높게 했다면 이를 낮추어 보험료를 대폭 줄일 수 있다.

주의할 것은 상품별로 적립보험료 최소금액이 정해져 있으므로 일정한 금액까지만 줄일 수 있다는 점이다. 또한 민영 의료보험에서 80~100세까지 보장받는 상품일 때 적립보험료를 감액하면 향후 보험료의 추가납입 부담이 생길 수 있다는 점도 유의해야 한다.

다섯 번째는 중도인출 기능을 활용해 보험료를 내는 방법이다. 중도인출 기능은 약관대출과 달리 원금상환이나 이자납입 부담이 없는 점이 특징이다. 하지만 보험을 계약한 후 1년이 넘어야만 활용할 수 있고, 중도인출 가능 금액은 해약환급금 범위 이내라는 점을 알아두어야 한다.

여섯 번째로 약관대출을 활용해 보험료를 내는 방법도 있다. 중도인출 기능이 없는 보험상품을 골랐다면 해약환급금을 담보로 대출을 받은 뒤 보험료를 낼 수 있다. 하지만 약관대출도 원금상환과 이자납입 의무가 있고 대출이자를 내지 못하면 보험계약이 해지될 수 있다는 점을 유념해야 한다. 또한 순수보장성 보험처럼 약관대출 기능이 없는 상품은 활용할 수 없다.

일곱 번째는 보험을 일단 실효시켰다가 다시 부활하는 방법이다. 보험료가 연체되었을 때 해약하지 말고 그대로 두면 보험계약은 자연히 실효되지만 2년 이내에는 부활시킬 수 있다. 다만, 부활시킬 때는 연체된 보험료와 그에 따른 이자까지 모두 내야 하는 부담이 있고, 계약을 부활할 때도 처음 들 때와 같은 기준으로 심사하므로 실효기간 동안 피보험자의 건강이 나빠지면 보험사가 부활신청을 거절할 수 있다는 단점이 있다.

 ## 종신보험이라면 감액 완납과 연장정기보험을

여덟 번째로 종신보험에만 해당되는 것으로, 감액완납보험으로 변경하는 방법이 있다.

종신보험은 계약 종류를 아예 바꾸어 유지할 수 있다. 이를 감액완납보험제도라고 하는데, 종신보험의 보장금액을 줄여 이후의 보험료를 완납하는 것을 말한다. 보장금액의 감액 수준은 감액완납보험으로 바꾸는 시점의 해약환급금에 따라 달라진다. 아울러 감액완납보험으로 바꾸었다가 다시 원래의 계약으로 되돌릴 수 없다는 점에 유의해야 한나.

마지막으로 연장정기보험으로 변경하는 방법도 있다. 이 역시 종신보험에만 해당된다. 이 제도는 종신보험에서 차회 이후의 보험료 납입을 멈추는 대신 종신보험을 정기보험으로 바꾸는 것을 말한다. 정기보험으로 바꾸기 때문에 종신보험과 달리 보험기간의 만료일이 정해진다. 이때

보험 계약을 유지하는 9가지 방법

- 보험료 자동대출 납입 제도 활용하기
- 보험료 납입 일시중지 제도 활용하기
- 보장금액 감액이나 특약 일부 해약하기
- 적립보험료 감액하기(민영 의료보험, 어린이보험, 운전자보험에만 해당)
- 중도인출 기능을 활용하여 보험료 내기
- 약관대출을 활용하여 보험료 내기
- 보험을 일단 실효시켰다가 부활하기
- 감액완납보험으로 변경하기(종신보험에만 해당)
- 연장정기보험으로 변경하기(종신보험에만 해당)

보장기간이나 보장금액은 변경 시점의 해약환급금에 따라 가입조건이
달라지며, 다시 원래의 종신보험 계약으로 되돌릴 수 없다는 점을 명심
하자.

사고를 대비한 배상책임보험의 모든 것

살다보면 어처구니없는 일을 당할 때가 있다. 전혀 예상하지 못했는데 막상 당하는 입장이 되면 막막하기만 하다. 공원에서 사고를 당하거나, 가솔린 차량에 경유를 넣은 주유소 직원을 만난다면 더욱 그렇다. 안전과 직결된 문제이기에, 이런 일이 일어났을 때 '오늘은 재수 없는 날이네'라며 웃어넘기기도 쉽지 않다. 더욱이 사랑하는 가족, 친척이나 가까운 사람이 피해자가 된다면 더더욱 그렇다.

어처구니없는 사고는 모두 내 책임?

2008년 5월, 서울에 사는 김모씨는 가솔린 엔진이 장착된 SUV형 외제 차를 타고 경기도 포천에 갔다가 기름이 떨어져 인근 주유소에 들렀다. 평소처럼 가득 채워 달라고 했고 주유원은 능숙한 솜씨로 주유구를 열었다.

전문직업 배상책임보험과 일반 배상책임보험의 차이

구분	전문직업 배상책임보험	일반 배상책임보험
피보험자	공인자격 전문직업인	일반사업자
주의의무	동시대, 동지역, 동종의 다른 전문가와 동일한 수준의 주의의무	보통사람의 주의의무
사고 원인	오류, 탈루, 배임 및 의료과오	부주의
주피해자	계약 당사자(의뢰인)	제3자(불특정)
담보 조건	배상청구 기준	손해사고 기준/배상청구 기준

주유소를 나와 약 5km 정도 달리던 중에 문제가 생겼다. 가속페달을 밟아도 덜컥거리더니 시동이 꺼진 뒤에는 재시동조차 되지 않았다. 결국 정비공장으로 견인해 점검해보았더니 혼유사고로 밝혀졌고, 연료 계통의 부품 교환, 엔진세척 등을 포함해 약 700만원 정도의 수리비가 나왔다.

김씨는 주유소를 다시 방문해 CCTV와 주유전표로 혼유사고 사실을 확인한 후 주유소에서 가입해둔 영업배상책임보험의 시설소유배상 책임 특약으로 사고를 접수해 자기부담금을 제외한 수리비 상당액을 보상받았다.

또 다른 사례도 있다. 서울시 중랑구에 사는 박모씨는 평소처럼 집 근처 뒷산에 올라 운동을 하고 내려오는 길에 외나무다리를 건너다가 미끄러져 다리가 부러지는 부상을 입었다. 항상 지나다니던 길이었지만 전날 밤 내린 비로 다리가 미끄러워진 게 원인이었다.

박씨는 '내가 주의하지 못한 탓'이라며 모든 치료비를 자신이 내려고 했다. 그러자 주변에서 "공원을 관리하고 있는 구청에 청구하면 해결할 수 있다"고 해서 구청에 문의해보니 정말이었다.

"다리 자체가 위험시설물에 해당하고, 보험에 들어 있어서 500만원 한도 내에서 보험처리할 수 있습니다."

이 말에 박모씨의 얼굴이 환해졌다.

이런 예는 언제 어디서나 일어날 수 있으므로 배상책임보험 범위 역시 무궁무진하다.

 배상책임의 한도는 어디까지인가?

그렇다면 여기서 말하는 배상책임이란 무엇을 말하는가? 이는 자신의 잘못이나 계약으로 타인에게 손해를 입혔을 때 이를 배상해야 하는 책임을 말한다. 따라서 배상책임보험은 한마디로 가해자를 대신해 보험사가 피해자에게 손해를 보상하는 보험이다. 앞에서 주유원이나 공원시설 관리인이 가해자가 되지만 이들이 직접 배상책임을 지는 것이 아니라 가입한 보험에서 제3자의 피해를 보상하는 식이다.

그렇다면 배상책임은 어디까지일까? 법률에서는 배상책임의 범위를 크게 '정신적인 손해'와 '재산상의 손해'로 나누어 산정한다. 이 가운데 정신적인 손해를 흔히 '위자료'라고 하는데, 이는 피해자와 그 가족이 받은 정신적인 피해에 따른 배상금이다. 재산상의 손해는 피해자가 입은 모든 재산상의 손해를 의미하며, 피해물이 있다면 원상복구 비용과 영업손실, 사람이 다쳤다면 치료비와 치료기간 중 생기는 휴업손해 등이 이에 포함된다.

 알아두면 도움되는 피해자 직접청구권

배상책임보험은 계약자를 위한 보험이라기보다는 피해자를 위한 보험에 가깝다. 그래서 다른 보험들과는 다른 면이 많다. 대표적인 예가 '피해자 직접청구권'이다. 이는 다른 보험과 달리 보험계약과 상관없는 피해자가 가해자의 보험사에 보험금을 청구할 수 있는 권리를 말한다.

과실의 입증책임을 가해자에게 물을 수 있다는 것도 배상책임보험만의 특징이다. 피해자가 과실에 대한 입증책임을 지는 일이 많지만 일부 배상책임보험은 피해자에게 입증책임까지 지게 하는 것이 부당하다는 판단에 따라 가해자에게 입증책임을 묻는다. 자동차보험 가운데 책임보험 및 대인보험, 생산물배상책임보험(제조물책임법) 등이 그 대표적인 상품이다.

지난 2008년 9월, 인천 검찰청은 여러 개의 보험에 든 뒤 상해를 입은 것처럼 꾸며 거액의 보험금을 타낸 강모씨를 구속했다. 또 앞서 부산 경찰청은 중국 현지에서 장기밀매를 알선하고 진단서를 위조해 보험금을 허위로 청구한 보험사기단 29명을 검거했다. 이처럼 매일 일어나는 사건 사고 가운데는 보험에 관련된 것도 적지 않다. 가볍게 넘기기에는 너무나 흉악해지고 그 피해 또한 일반 사람들의 상상을 초월한다.

사람 잡는 보험사기의 늪

몇 년 전에 상영되었던 영화 〈하면 된다〉는 일가족 모두가 보험사기에 동원되는 내용을 담고 있다. 그런데 영화 같은 일이 현실에서도 심심치 않게 등장한다. 가족이 모두 동원되어 보험사기를 저지르다 일가족 모두 경찰에 잡히고, 그들 중 일부는 몸을 심하게 다치거나 목숨을 잃기도 한다. 이 정도 되면 코미디라고 할 수도 없을 것이다.

보험사기를 '소리 없는 재앙'이라고 부르는 것도 이 같은 심각성 때문이다. 보험사기는 보험금을 뜯어내려고 보험제도를 악용하거나 남용하는 모든 행위를 말한다. 예를 든 것처럼 고의적이고 악의적이라면 '경성사기', 합법적인 청구를 과장하거나 확대하는 경우를 '연성사기'라고 부른다.

세계 역사에 기록된 최초의 보험사기는 1762년 영국의 '이네스 사건'으로, 유서를 위조하고 양녀를 독살한 사건이다. 우리나라에서는 1924년 매일신보에 보도된 기사가 최초의 보험사기 기록으로, 보험 모집인의 협작으로 보험가입 후 허위사망 신고로 보험금을 받아냈다. 그리고 1975년에 언니·형부 등 4명을 죽이고 보험금 147만원을 타낸 '박분례사건'이 보험금을 목적으로 한 국내 최초의 살인으로 기록되어 있다.

 보험사기 때문에 내 보험료만 오르네

보험사기 피해는 사람을 고의적으로 다치게 하는 등의 물리적인 문제에만 그치지 않는다. 금융감독원이 발표한 2007년도 보험사기 조사 자료에 따르면 적발금액은 2,045억원, 적발인원은 3만 922명으로 나타났다. 2006년에 비해 금액은 14.8%(264억원), 혐의자는 15.6%(4,168명)이나 증가했다. 적발금액을 보험 종류별로 살펴보면 자동차보험이 66.4%(1,359억원)로 가장 높고, 생명보험의 보장성 보험이 15.2%(310억원), 손해보험의 장기보험이 11.4%(233억원) 순으로 나타났다. 이는 금융감독원 등에서 공식집계한 것으로, 실제로는 이보다 훨씬 많을 것이다.

보험개발원이 추정하는 바에 따르면 보험사기로 인한 보험금 누수액이 연간 2조 2,000억원에 이르리라 예상된다. 이는 가구당 보험료를 14만원이나 더 내야 하는 결과로 나타난다. 보험사기가 절대로 남의 일이 아닌 이유가 여기에 있다.

그렇다면 보험사기가 줄어들기는커녕 갈수록 늘어날까? 가장 중요한 문제는 일반인들이 보험사기를 심각한 사회적 범죄로 생각하지 않는 데 있다. 보험사기를 적은 노력으로 큰 돈을 벌 수 있는 재테크처럼 여기는 그릇된 풍조가 만연해진 것이 주된 원인이다. 여기에 미흡한 법제도, 보험사기를 전담하는 수사인력의 부족, 모호한 처벌규정도 보험사기를 더욱 부채질하고 있다.

사정이 이렇다 보니 보험범죄는 흉악한 범죄조직이나 특별한 사람들만의 문제를 넘어서, 일반인들도 보험사고가 나면 사고를 부풀리는 것이 다반사가 되고 있다. 교통사고가 났을 때 무조건 목덜미를 잡고 아프다며 병원에 드러눕는 것이 당연한 것처럼 인식되는 것도 이와 같은 맥락이다.

🔍 보험사기, 이렇게 해야 당하지 않는다

이처럼 잘못된 사회풍조 탓에 일반인들도 보험사기를 저지르기 쉬운데 이는 엄연한 범죄행위다. 손해보험협회의 자료에 따르면 일반인들의 경우 보험사고 후 피해를 과장하거나, 피해액 부풀리기, 진료비 또는 수리비 과잉청구, 보험금을 받아내려고 치료기간 이상으로 오래 입원하는 '나이롱환자'가 많다고 한다.

이밖에도 사고가 난 뒤 보험에 드는 것도 마찬가지다. 이는 사고시기나 계약시기를 조작하는 방법으로 이 역시 엄연한 불법이다. 교통사고가 났을 때 사고 운전자나 차량을 바꿔치기하는 것도 같은 유형의 범죄에 속한다.

따라서 일반인들로서는 보험사기에 휘말리지 않는 것이 최우선이다. 금융감독원은 2007년 12월, 자동차사고 때 보험사기를 방지하는 요령을 소개했다. 이 자료에 따르면 교통사고가 났을 때 보험사기단들은 해박한 지식을 동원해 운전자의 과실을 부각시키고, 분위기를 위협적으로 몰고 가거나, 경찰에 신고하지도 않은 채 현장에서 합의를 요구하는 사례가 많다. 특히 운전자가 음주운전했거나 보험사기단이 횡단보도 사고 등을 위장했다면 운전자가 자신의 잘못으로 인정해 이들의 함정에 빠지기 쉽다. 각별한 주의가 요구된다.

자동차사고가 났을 때는 당황하지 말고 차분하게 대응해야 한다. 이때는 즉시 보험사에 연락해 사고를 접수하고, 사고현장과 충돌부위 등을 촬영해 증거를 확보하며, 사고차의 탑승자와 사고목격자를 정확하게 확인해야 한다. 아울러 사고현장에서 합의한다면 반드시 합의서를 작성해야 하며, 사고 과실을 상대방이 주장하는 대로 순순히 인정할 경우 그 뒤에 큰 봉변을 당할 수 있으므로 주의해야 한다.

보험사기에 휘말릴 위험을 줄일 수 있는 방법은 여러 가지가 있지만 근본적인 해결책은 단 한 가지뿐이다. 음주운전이나 교통법규 위반 등을 하지 않는 것, 이보다 확실한 길은 없다.

종류가 아무리 많아도 보험사와 설계사를 잘 만나야 관리도 잘 되는 법.
좋은 보험설계사 고르는 요령에서 내 보험 리모델링 방법까지 챙겨두자.
그리고 보험사와 싸우지 않고 보험금을 확실하게 받으려면 이렇게 하라.

보험사가 알려주지 않는 보험 이야기

보험을 흔히 통계의 학문이라고 한다. 각종 위험에 대한 통계가 보험의 기본이 되기 때문이다. 가입자가 내는 보험료나 보험사가 가입자에게 돌려주는 보험금 규모 역시 이 같은 통계에서 출발한다. 보험사마다 이런 일을 전담하는 보험계리사를 두는 것도 이 때문이다.

그래서 간단하게 메모해두면 생활에 도움이 될 만한 쉬운 보험 관련 숫자들을 골라보았다.

보험금 지급한도와 품질보증기간

책임보험 지급한도 1억원—대인배상1이란 자동차사고로 다른 사람을 다치게 하거나 사망하게 한 경우에 정해진 보험금 한도 내에서 보상하는 자동차보험의 일부로, 책임보험이라고 한다. 자동차배상법에서 정한 사망 또는 후유장애시 보험금 지급한도가 1억원이다.

보험금청구 소멸시효 2년—보험금청구권, 보험료 또는 해약환급금 반환청구권은 모두 소멸시효가 2년이다. 보험금 청구사유가 발생한 날로부터 2년이 지나기 전에 보험금을 청구해야 효력이 발생한다. 또한 보험료를 내지 못해 보험이 해지된 경우 해약환급금을 수령하지 않으면 2년 내에는 부활할 수 있다.

보험 품질보증기간 3개월—보험사들은 고객의 권익보호를 위해 자필서명, 약관 전달, 청약서부본 전달을 '3대 기본 지키기'로 정하고 있다. 이 가운데 보험사가 약관과 청약서 부본을 전달하지 않았을 경우 계약자는 청약일로부터 3개월 이내에 계약을 취소할 수 있다.

보험료 변동 4월에 많아—해마다 3월말이나 4월초가 되면 각 언론매체에서 보험료에 관한 기사가 쏟아져 나온다. 여기에는 이유가 있다. 바로 보험사의 회계연도가 일반 기업들과 다르기 때문이다. 보험사의 회계연도는 4월부터 다음해 3월까지다. 따라서 상품이나 제도 그리고 보험료 변경이 4월부터 시작되는 경우가 많다. 또한 여행자보험(대부분 장기손해보험)의 보장기간은 가입 첫날 오후 4시부터 마지막 날 오후 4시까지라는 점도 알아두면 도움된다. 만약 여행자보험 가입 시기부터 바로 보장받고 싶다면 사전계약을 통해 조정할 수 있다.

알아두면 유용한 서비스와 8대 합의금

긴급출동서비스 연간 5회—자동차보험에 가입할 때 추가비용을 조금만 더 부담하면 긴급출동서비스를 받을 수 있다. 이 서비스를 통해 배터리 충전·타이어 교체·잠금장치 해제·비상급유·긴급견인 등의 서비스를 받을 수 있는데, 통상 연간 5회까지로 제한되어 있다.

영업용 자동차보험 6회까지 분납 가능―자동차보험료를 분할납부할 경우 2번까지 가능하다. 하지만 영업용 자동차보험은 최대 6번까지 분납이 가능하다.

국내 보험산업 세계 7위, 자동차보험 담보 7가지―한국 보험업계의 2006년 연간 보험료 규모는 1,011억 7,900만달러로 세계 7위 수준이다. 하지만 세계 1위인 미국 보험업계 보험료 규모의 10분의 1 규모밖에 되지 않는 실정이다. 전 세계를 무대로 하는 글로벌 보험사가 탄생해야 한다는 말이 나오는 것도 이런 이유에서다. 한편 자동차보험 담보는 7가지다. 7가지 담보에는 대인1, 대인2, 내물, 사기신체사고, 사동차상해, 무보험자상해, 자기차량손해 등이 있다.

8대 중과실 사고, 8대 노인성 질병―운전자보험에 가입했을 경우에는 10대 중과실 가운데 무면허운전과 음주 및 약물복용운전을 제외한 나머지 8가지 중과실 사고에 대해 형사합의금을 보장한다. 여기에는 신호 또는 지시위반, 중앙선 침범, 속도위반, 횡단보도사고, 보도 침범, 앞지르기 방법 및 금지 위반, 건널목 통과방법 위반, 개문발차(차량문을 열고 달리는 행위) 등이 포함된다. 또한 보험업계에서는 노인성 질병 가운데 대표적인 심장질환, 뇌혈관질환, 간질환, 고혈압, 만성하기도질환, 콩팥기능상실, 당뇨병, 백내장을 8대 질병으로 구분한다.

 변액연금, 10년 지나야 세제혜택도 많아

국민연금보험료 9%―국민연금보험료는 가입자의 기준소득월액에 9%인 연금보험료율을 곱해 산정한다. 사업장 가입자의 경우 본인과 사용자가 각각 4.5%씩 부담하고, 지역가입자의 경우에는 9%의 보험료를 본인이 전액 부담한다. 또한 건강보험료를 구성하는 9가지 구성요소로 보험사 사업비 규모, 진단금 내용, 수술·입원비 내용, 만기환급율, 계약구성, 연령, 성별, 보장기간, 납입기간 등이 있다.

10년 이상 보험 비과세—소득세법상 10년 이상 유지된 보험차익에 대해서는 이자소득세 원천징수뿐만 아니라 금융소득종합과세 대상에서도 제외하는 세제혜택을 제공한다. 최근 인기가 높은 변액연금의 경우에도 최소한 7년 정도는 지나야 원금을 보장하고, 10년이 넘으면 세제혜택과 투자수익성 등에서 기대치를 충족시킬 수 있다는 것이 보험전문가들의 공통된 견해다.

이밖에 보험의 청약철회 기간은 15일 이내여야 한다는 것과, 만15세부터 성인보험에 가입할 수 있다는 점도 기억해둘 만하다. 또한 태아보험의 경우 생명보험은 일반적으로 임신 16주, 손해보험은 임신 22주 이내에 가입해야 한다. 이밖에도 암보험은 가입 후 90일이 지나야 보장이 시

알아두면 유용한 보험관련 숫자 10가지

- 책임보험 한도 1억원
- 보험금 청구 유효기간 2년
- 보험가입 품질보증기간 3개월
- 여행자보험은 4시부터 효력발생
- 긴급출동서비스 연간 5회
- 영업용 자동차보험 6회 분납
- 보험산업 세계 7위
- 8대 중과실 사고
- 국민연금보험료 9% 요율
- 보험차익 10년 이상 유지하면 비과세

작되는 점도 반드시 기억해야 한다. 일부 어린이보험 상품은 암보험에 대해 가입 첫날부터 보장하기도 한다.

　최근 보장기간이 100세인 보험상품들이 쏟아져 나오고 있는 것도 흥미롭다. 일반적으로 종신보험도 사망을 제외한 특약들은 80세까지가 최장 보험기간이다. 그런데 종신보험이 아닌 손해보험사의 장기보험에서도 보장기간이 100세 상품이 나오는 것은 사실상 죽을 때까지 보장한다는 의미로, 소비자들에게는 반가운 소식이다.

연휴가 끝나면 연휴증후군으로 고생하는 사람들이 적지 않다. 더구나 연휴가 끝나면 항상 크고 작은 사고가 뒤따르기 마련. 자동차사고부터, 벌에 쏘이거나 다치는 상해사고, 그리고 아이나 가족의 질병까지……. 이런 경우 보험회사에 문의하는데 이 과정이 생각처럼 간단하지 않다.

전화를 걸어 곧바로 처리되면 좋은데 현실은 그렇지 않다. 통화연결이 힘든 경우가 많고 연결되어도 대기시간이 길면 짜증 날 수밖에 없다.

보험금 받을 수 있나요?

삼성·대한·교보 등 대형보험사 콜센터에는 하루에 수만 통의 전화가 걸려온다. 그 중 고객들이 가장 궁금해 하는 내용은 무엇일까? 삼성생명과 교보생명 콜센터의 대표적인 상담사례를 살펴보면 보험계약대출(약관대출)이나 각종 보험금 지급 관련 문의가 가장 많다. 여기에 보험상품 관련 문의와 보험료 납입, 계약내용 변경 등이 소비자들이 관심을 많이 갖는 항목이다.

또한 보험증권을 분실해 재발급받으려는 문의도 상당하다. 증권을 분실한 경우 보험사 콜센터를 통해 재발급 신청이 가능하며, 계약자 본인이 직접 전화하면 우편으로 받아보거나 이메일로 즉시 받을 수 있다.

주변 사람의 권유로 보험에 가입했는데 설명을 제대로 듣지 못해 마음이 상한다는 불평도 적지 않다. 이런 경우에는 설계사를 통해 상품 설명을 재안내받을 수 있다.

한편 계약 후 3개월 이내에 타당한 사유로 이의를 제기해 정당성이 인정되면 보험료를 환불해주거나 다른 상품으로 교환하는 제도가 있다. 다만, 교환이 가능한 상품은 한정되어 있으므로 미리 확인해야 한다.

연금수령 시점이 다가온 경우 어떻게 해야 하는지 물어보는 고객도 적지 않다. 연금수령은 보험대상자의 생존확인이 반드시 필요하다. 다만, 생존여부와 상관없이 보증지급기간이 있는 연금은 자동송금 신청을 하면 보증지급기간까지 요청한 계좌로 자동송금해준다. 연금 신청 및 수령 권한은 만기수익자에게 있는데, 만기수익자가 주민등록증 · 통장 · 보험증권을 갖고 가까운 보험사 고객센터로 찾아가면 피보험자에게 전화로 안내하고 연금을 지급한다.

다만, 부부형 연금은 법적인 부부관계를 확인하기 위해 최근 발급된 가족관계증명서를 제출해야 하고, 보험계약 대출잔고가 있을 경우에는 먼저 대출을 전액 상환해야 연금이 지급된다는 점을 기억해야 한다.

자동차사고가 났어요!

2008년 상반기 손해보험협회에서 조사한 바에 따르면 자동차시세 하락 손해나 자동차사고시 동승한 가족의 책임보험 처리 가능 여부에 대한 문의가 가장 많았다.

자동차시세 하락손해는 교통사고로 상대방이 가입한 보험의 대물배상으로 보상받을 때 보상이 가능하며, 출고 후 2년 이하인 자동차는 수리비가 사고 직전 차량가액의 20%를 초과하는 경우, 출고 후 1년 이하인 자동차는 수리비의 15%, 출고 후 1년 초과~2년 이하인 자동차는 수리비의 10%를 지급한다.

자동차사고가 났을 때 같이 탄 가족에 대해서는 일부 경우를 제외하고는 자동차손해배상 보장법 제3조의 타인에 해당되므로 대인배상 1로 보험처리할 수 있고, 보상한도를 초과하면 자기신체사고로 보상이 가능하다.

또한 교통사고로 보험회사와 합의한 뒤 나중에 후유장해가 발생했을 때 보상이 가능한지 물어보는 경우도 적지 않다. 민법상 손해배상청구권의 소멸시효는 손해 및 가해자를 안 날로부터 3년으로 규정하고 있으며, 후유장해에 대해서는 후유장해 진단을 받은 때로부터 손해배상청구권 소멸시효가 시작된다는 것이 대법원의 판례이기 때문에 후유장해 진단을 받은 날로부터 3년 이내에는 보상이 가능하다.

이밖에도 보험에 가입한 지 오래되어 가입한 보험사를 잊어버렸거나 보험을 여러 개 가입해 가입한 보험사가 어디인지 정확하게 알지 못하는 경우 확인할 수 있는 방법도 있다. 보험계약 사항 조회는 보험계약을 확인하고자 하는 본인 또는 그 대리인이 손해보험협회와 생명보험협회를 직접 방문해 신청하면 된다. 만약 대리인이 신청할 경우에는 법정대리인

및 조회대상자의 부모 배우자 자녀로 신청자격이 한정되고, 가족관계증
명서 · 위임장 · 인감증명서 · 신분증 등이 필요하다.

 내가 전화할 때마다 통화중?

콜센터 등에 전화할 때 가장 짜증나는 일은 통화 연결이 잘 되지 않을
때다. 하지만 콜센터에 전화할 때도 요령만 잘 알면 그런 짜증은 많이 덜
수 있다.

국내 대표적인 생명보험사인 삼성생명은 평일 상담건수가 4만 5,000
건, 대한생명은 4만건에 이른다. 그런데 연휴 다음날이나 매달 말일, 월
초, 그리고 카드결제일 등에는 상담건수가 최소 1.5배 이상 늘어난다. 당
연히 대기시간이 길어질 수밖에 없다.

삼성생명에 따르면 문의전화가 폭주하는 날은 고객이 상담을 기다리
다가 중도에 포기하는 건수가 하루에 4,000건이나 된다. 문의전화를 요
일별 나누면 월요일 상담이 많고, 수요일이 비교적 적다. 또 시간대별로
는 오전 9시부터 11시까지, 그리고 오후 4시부터 6시 사이가 통화량이
적기 때문에 상담하기에 편리하다. 반면 오전 11시부터 오후 2시까지는
점심시간이 겹치고, 콜센터 직원들도 교대로 식사를 하기 때문에 대기시
간이 길어진다.

콜센터 상담을 위해 대기하는 것이 짜증스럽다면 ARS나 인터넷을 이
용한 처리도 도움이 된다. 절차만 확인하면 상담원과 통화 없이 빠르고
편리하게 처리할 수 있기 때문이다. 다만, ARS를 통한 업무처리를 위해
서는 반드시 고객의 비밀번호가 필요하고, 직접 고객센터를 방문해 계약
자 본인의 통장과 함께 등록해야 한다는 점을 기억해야 한다.

혹시 당신도 고아계약자?

보험설계사를 하는 친구의 권유로 외국계 보험사에서 판매하는 변액보험에 든 장씨. 그런데 어느 날 보험사로부터 이메일을 받았다. 장씨를 담당했던 설계사가 다른 사람으로 바뀌었다는 내용이었다. 알고 보니 장씨의 친구가 개인 사정으로 보험사를 그만둔 것이다. 새롭게 장씨를 담당한 설계사는 연락 한 번 없다. 이를 흔히 '고아계약'이라고 한다.

 신규 설계사 절반만 1년 이상 근무

2007년 연말, 금융감독원이 밝힌 자료에 따르면 같은해 4월부터 9월까지 보험설계사들의 13월차 정착률이 42.4%로 나타났다. 설계사 정착률은 신규 등록 설계사 가운데 1년이 지난 뒤에도 정상적으로 보험 모집 활동에 종사하고 있는 설계사 비율을 말한다. 결국 정착률이 42.4%란 매년 1월에 새로 시작하는 설계사가 10명 있다면 다음해 1월까지 근무하는 사람이 4명밖에 안 된다는 뜻이다. 이처럼 철새 설계사에게 보험계약을 했던 고객들은 가입한 지 얼마 되지 않아서 고아계약자가 되고 만다.

최근 들어 보험사들 사이에 경쟁이 치열해지면서 설계사 스카우트 경쟁까지 치열해지고 있다. 자신을 담당했던 설계사가 어느 날 다른 보험사로 이직하면 고객은 고아계약자가 되고 만다. 더구나 해당 설계사는 자신을 믿고 보험에 든 고객들에게 새로 옮긴 회사의 보험으로 갈아타기를 권유하기도 한다. 이처럼 이직한 설계사를 따라 보험계약을 바꾸어 다시 계약하는 것을 '승환계약'이라고 한다. 하지만 설계사 말만 듣고 쉽게 계약을 바꾸는 것은 위험하다.

 고아계약은 고객과 보험사 모두 피해

고아계약은 보험 가입자들에게 피해를 준다. 담당 설계사가 없어지면서 고객관리가 그만큼 소홀해지는 것은 불 보듯 뻔하다. 이것만이 아니다. 다른 회사로 옮겨 가는 설계사의 권유로 계약을 바꾸는 승환계약의 경우 고객의 입장보다는 설계사 자신의 성과를 먼저 생각할 수밖에 없다.

고아계약이나 승환계약이 많아지면 보험업계의 전반적인 이미지도 나빠지고, 보험 가입을 꺼리게 하는 요인이 되기에 피해는 보험업계도 마찬가지다.

2007년 8월, 금융감독원이 무분별한 설계사 스카우트에 제동을 걸고 우수인증설계사 제도를 도입하기로 한 것도 이런 맥락에서였다. 이에 발맞추어 최근 일부 보험사들은 고아계약자 데이터를 특별관리하는 것은 물론 이들에게 새로운 상품을 판매하기도 한다.

국내 한 대형 생명보험사는 고아계약이 생기면 관리설계사를 새로 지

정해 휴대전화 문자서비스나 우편발송 등으로 고객에게 알려준 뒤 새로
운 관리설계사가 직접 방문해 인사하고 인수인계받도록 하고 있다.

또 다른 외국계 보험사는 비슷한 시스템을 갖추고 있으면서 특히 새로
관리를 맡게 될 설계사의 자격을 엄격하게 규정해 신뢰도를 높이고 있
다. 근속연수가 높고 계약유지율이 90% 이상이며, 변액보험 판매자격증
을 가진 설계사가 담당하도록 한다. 그만큼 신뢰 유지에 각별히 신경쓴
다. 이렇게 노력하는 회사들은 설계사 정착률이나 계약유지율이 항상 업
계 최고 수준을 자랑한다. 고객입장에서는 자신을 담당했던 설계사가 그
만두면 반드시 회사측에 연락해 새로운 담당자를 만나보고 자신의 보험
계약을 재확인하는 것이 필요하다.

 철새 보험설계사는 생산성도 떨어져

금융감독원이 우수인증설계사를 도입한 이유는 간단하다. 이리저리 회
사를 자주 옮기는 보험설계사들의 생산성과 업무효율이 보험사에서 자체
육성한 설계사나 장기재직 설계사들에 비해 크게 떨어지기 때문이다.

2007년, 금융감독원이 6개 생명보험사, 6개 손해보험사의 우수점포 소
속 보험설계사 6,193명을 대상으로 2006년 사업성과를 분석해본 결과
보험사에서 자체 육성한 설계사와 장기재직 설계사의 모집실적 · 월평균
소득 · 계약유지율 등 생산성과 효율이 이직 설계사와 단기재직 설계사
에 비해 크게 높은 것으로 나타났다. 생명보험사의 경우 자체 육성한 설
계사가 이직 설계사에 비해 모집실적은 14.6%, 월평균 소득은 30.2% 높
았다. 손해보험사 역시 자체 육성한 설계사가 이직 설계사에 비해 모집
실적 면에서 22.0%, 월평균 소득은 21.9% 높은 것으로 조사되었다.

재직 기간도 마찬가지였다. 생명보험에서는 4년 이상 장기재직한 설계사가 2년 미만 단기재직 설계사에 비해 모집실적이 72.7%, 월평균 소득은 93.6% 높았다. 손해보험에서는 차이가 더욱 뚜렷했다. 5년 이상 재직자는 3년 미만 단기재직자에 비해 모집실적이 208.5%, 월평균 소득은 266.4%나 높았다.

이에 대해 금융감독원 관계자는 "그동안 관행화된 보험사의 스카우트 경쟁이 보험사의 생산성 및 경영효율 개선에 도움이 되지 못하는 것은 물론 보험설계사 본인에게도 큰 실익이 없는 것으로 나타났다"고 설명했다.

🐻 보험설계사도 명품시대

보험설계사라고 다 같지는 않다. 직업의식이 투철하고 서비스정신이 뛰어난 설계사가 있는가 하면 단순히 실적만을 생각하는 설계사들도 있다. 소비자들이 좋은 설계사를 선택하는 데 어려움을 겪는 것은 당연한 일이다. 다행스러운 것은 2008년 6월 2일부터 보험업계 우수인증설계사가 활동하기 시작했다는 점이다.

2008년 6월 현재 생·손해보험협회에서 인증한 우수인증설계사는 생명보험 설계사 7,967명, 손해보험 설계사 2,932명 및 전속개인대리점 2,644명으로 모두 1만 3,543명이 확정되었다. 이는 전체 설계사 21만 9,875명의 4.9%이며, 손해보험 전속개인대리점 3만 2,830명 중 8.1%를 차지하는 수준이다.

우수인증설계사는 까다로운 조건의 선정과정을 거친다. 우수설계사 자격을 갖추려면 한 회사에 3년 이상 장기근무해야 하며, 1년 이상 보험

계약 유지율이 90% 이상, 1년간 불완전판매 등으로 인한 민원 발생 건수가 한 건도 없어야 한다. 또한 인증 신청일로부터 3년 이내에 보험료 횡령 등으로 금융감독 당국에서 처분받은 일이 없어야 하고, 생명보험의 경우 전년도 월납 초회 보험료 모집실적이 월평균 80만원 이상, 손해보험은 전년도 소득이 월평균 500만원 이상 등의 조건이 붙기도 한다. 영업실적은 물론 고객으로부터 불만을 사는 일도 없어야 한다.

 ## 설계사가 든든하면 보험사도 든든하다

생·손해보험협회 측은, 우수인증설계사 제도가 단순히 실적기준 상위자를 위한 인센티브 제도와는 달리 '고객 신뢰와 성실'을 최고의 가치로 부각한다는 점에서 큰 의의가 있다고 설명한다. 생·손해보험협회는 신뢰와 성실을 형상화한 별 모양과 검증된 설계사를 상징하는 문양의 로고를 만들어 우수인증설계사의 명함·보험안내서·보험증권 등에 사용할 수 있도록 했다.

우수인증설계사는 생명보험협회와 손해보험협회가 발급한 인증서로 확인할 수 있고, 명함에도 인증서 로고가 새겨져 있어 소비자들이 쉽게

우수인증설계사 전체 효율 현황

구분	인원	연령	동일 회사 활동기간	13회차 유지율	25회차 유지율	연소득
우수인증설계사(A)	7,967명	44.4세	9.1년	96.2%	89.5%	9,229만원
전체 생명보험 설계사(B)	147,671명	41.1세	3.4년	81.7%	68.9%	4,416만원
A-B	-	3.3세	5.7년	14.5%p	20.6%p	-
A/B	5.4%	-	267.6%	-	-	209.0%

(2008년 5월 31일 기준)

알 수 있다. 또 우수인증설계사 자격은 1년마다 갱신되며, 각각 고유의 인증번호가 부여된다. 생·손해보험협회에서 발행한 자격증이나 협회 홈페이지에서 인증번호를 조회해 확인할 수 있다.

그렇다면 실제로 실적은 어떨까? 우수인증설계사 제도와 관련해 생명보험협회가 최종 자격을 취득한 우수인증설계사들의 업무실적을 분석한 결과 우수인증설계사가 전체 설계사 평균에 비해 훨씬 우수한 것으로 나타났다. 우수인증설계사 자격 취득률은 전체 설계사 14만 7,671명 가운데 5.4%인 7,967명으로, 이들 우수인증설계사의 보험계약 유지율은 13회차 96.2%, 25회차 89.5%에 달하는 등 전체 평균에 비해 월등히 높았다. 또 같은 회사에서 활동해온 근속기간도 평균 9.1년으로 전체 설계사의 평균인 3.4년보다 훨씬 길었다.

연령대별로는 우수인증설계사의 평균연령은 44.4세로 전체 설계사 평균인 41.1세보다 약 3.3세가량 높았으며, 연평균 소득은 9,229만원으로 전체 설계사 평균인 4,416만원보다 2배 이상 많았다. 이는 일반 직장인들보다도 훨씬 높은 고소득에 해당된다.

남녀 비율은 여성이 전체의 74.5%를 차지하고 있으며, 활동지역은 서울·경기 등 수도권에서 활동하는 인원이 전체의 53.2%를 차지했다.

얼마 전 톱스타 최진실씨의 자살로 우리 사회는 큰 충격에 휩싸였다. 자살에 따른 파장도 적지 않았다. 많은 사람들이 고인의 죽음을 진심으로 안타까워했고, 정치권에서는 인터넷 악성 댓글을 원천적으로 금지하는 '최진실법' 제정을 놓고 공방을 벌이기도 했다. 또 최진실씨처럼 유명인의 자살이 또 다른 자살을 불러오는 베르테르 효과도 언론에 자주 등장했다. 그렇다면 자살과 보험은 어떤 관계일까?

? 자살해도 보험금을 받을 수 있을까?

자살로 인한 보험금 지급은 생명보험과 손해보험이 정반대다. 생명보험에서는 보험 가입자가 자살하더라도 정신질환 등이 입증되거나 가입한 지 2년이 지났다면 보험금을 준다. 하지만 손해보험은 자살인 경우 보험금을 주지 않는다. 이는 손해보험과 생명보험의 기본적인 특성 차이 때문인데, 생명보험은 사람의 목숨을 기본조건으로 하는 인(人)보험이고, 손해보험은 사물의 손해나 피해를 기본조건으로 하는 물(物)보험이기에 그렇다.

또한 생명보험은 보험 약관에 명기된 사항에 대해 보상하는 '열거식 보상주의'를 원칙으로 하고, 손해보험은 보험 약관에 명기된 보상하지 않는 손해 이외의 손해에 대해서는 모두 보상하는 '포괄식 보상주의'를 원칙으로 삼고 있다. 그런데 손해보험 약관에는 자살이 보험금 부지급사유에 해당되어 보험금을 받을 수 없다.

누구는 10억 받고, 누구는 못 받고

보험금 지급을 둘러싼 분쟁은 어제오늘의 일이 아니다. 금융감독원에 접수되는 보험 관련 민원들 중 보험금 지급 관련 내용이 항상 1, 2위를 다투는 것도 이 때문이다.

그렇다면 어떤 경우에 보험금을 지급하지 않을까? 피보험자가 고의로 자신을 해친 경우가 그에 해당된다. 이때는 그동안 납입한 보험료만 반환해준다. 다만, 정신질환 상태나 가입 후 2년이 지난 뒤 자살했다면 보험금을 지급한다.

또한 보험수익자가 고의로 피보험자를 해쳤다면 당초 약속한 보험금이 아니라 계약자에게 해약환급금만 주며, 계약자가 고의로 피보험자를 해쳤다면 지급금이 없다. 간혹 뉴스에 자기 주변 사람을 보험에 가입시키고 보험수익자를 자신으로 한 뒤 가입자를 고의로 해치는 사건이 나오기도 하는데, 이런 예가 부지급사유에 해당한다.

그리고 보험 가입자가 가입 전 알릴 의무(고지의무)를 위반했을 때도 보험금이 아닌 납입보험료나 해약환급금을 돌려주는 데 그친다. 가입 후 알릴 의무는 생명보험에는 없지만 손해보험에는 직업이나 직무를 변경할 때 보험사에 알릴 의무가 있으므로 유의해야 한다.

생명보험과 손해보험 비교

구분	생명보험	손해보험
보장 개시일	첫 회 보험료를 받은 때	보험기간의 첫날 오후 4시 (마지막날 오후 4시에 보험기간 종료)
가입 전 알릴 의무 (고지의무) 위반으로 해지시	납입보험료와 해약환급금 중 많은 금액	보험사고 전에는 해약환급금을 지급하고, 보험사고 후에는 납입보험료와 해약환급금 중 많은 금액을 지급
가입 후 알릴 의무 (통지의무)	없음. 단, 직업 또는 직무에 따라 보험료가 산정되는 경우에는 손해보험과 동일	계약체결 후 직업 또는 직무 변경시 보험회사에 이를 알려야 함. (예 : 자가용 운전자→영업용 운전자).
자살시 보험금 지급	피보험자가 정신질환 상태에서 자살했을 때와 책임개시일부터 2년이 경과된 후에 자살했다면 보험금 지급	보험금을 지급하지 않음.
보상하지 않는 손해(면책사항)	고의로 해친 경우	약관상 보장하지 않는 사고에 해당하는 경우 (고의, 폭력행위, 방사선 사고 등)
중복가입시 보험금 지급	정액보상의 경우 회사별로 계약시 약정한 금액을 모두 지급 실손보상의 경우 회사별로 실제 발생 손해액을 비례 분담 (생명보험 및 손해보험 동일하게 적용함)	

보험금을 찾아야 한다면

보험금을 받으려면 기본적으로 보험 가입자가 보험 약관에서 정한 보험금 지급사유가 생겼을 때 필요한 서류를 갖추어 보험사에 청구하면 된다.

일반 보험금은 본인이 신분증을 갖고 가까운 보험사 지점이나 창구를 방문하면 본인확인, 청구서 작성의 절차를 거쳐 지급한다. 이 과정에서 보험설계사가 고객을 방문해 통장 사본, 신분증 사본, 신청서를 작성해 지점에 제출한 뒤 보험금을 받을 수 있다.

사고보험금은 피보험자가 신분증과 관련 서류, 수익자 통장을 가지고 창구를 방문하거나 우편으로 접수하면 심사 업무를 담당하는 부서의 심사를 거쳐 고객에게 보험금을 준다. 보통 청구일로부터 3일 이내에 보험금을 주어야 하고, 만약 조사가 필요하더라도 10일 이내에 지급하는 것을 원칙으로 하고 있다.

그런데 요즘은 보험금 지급을 둘러싼 분쟁이 많아 보험금을 청구하면 보험금 지급심사를 매우 엄격하게 진행하고 있다. 이는 보험사기를 막기 위해서다.

생명보험의 경우 대표적인 심사 내용이 사망·장해·입원 등으로 나뉜다. 이 과정이 까다롭고 엄격해서 고객들로서는 "보험에 들 때는 쉬운

보험계약 조회 구비서류

본인이 신청하는 경우	대리인(부모, 배우자, 자녀)가 신청하는 경우
본인임을 확인할 수 있는 신분증 (주민등록증 또는 운전면허증, 여권)	가족관계증명서 (부모, 배우자, 자녀임을 확인할 수 있어야 함.) 위임자의 인감증명이 날인되어 있는 위임장 위임자의 인감증명서 대리인의 신분증(주민등록증 또는 운전면허증, 여권)

데 보험금을 받을 때는 어렵다"는 불평이 나올 수밖에 없다. 하지만 선량한 고객들도 있지만 간혹 보험금을 탈 목적으로 고의로 보험사고를 내는 보험범죄도 있어서 옥석을 가리는 것은 반드시 필요하다. 보험사기로 낭비되는 보험금이 연간 2조원이 넘고, 이는 결국 선량한 보험 가입자들의 보험료만 올리는 원인이 되기 때문이다.

보험사, 함부로 믿지 마라

물론 보험사도 반성할 점이 많다. 가입할 당시에 보험금 지급이 거절될 수 있는 상황을 충분히 설명하지 않거나, 보험 약관에 어려운 전문용어나 깨알 같은 글씨로 지급거절 사유를 숨겨 놓아서 고객들이 나중에야 그 사실을 알고 속았다는 느낌을 받는 일이 적지 않다. 그래서 금융감독원은 보험사들에게 보험 약관을 좀더 쉽게 설명하도록 하고, 보험금을 받을 수 없는 조건을 충분히 설명하도록 권고했다.

한편 최근 모 생명보험사는 보험금을 병원에서 신청해 바로 받을 수 있도록 주요 병원에 자체 창구를 개설해 지급절차를 간소화하고 있다. 이처럼 고객들의 불편과 불만에 귀 기울이는 것은 긍정적인 변화다. 하지만 무엇보다 보험 가입자가 보험 약관을 꼼꼼히 읽어보고 의미가 불확실하거나 모호한 것은 해당 설계사나 보험사에 그때그때 문의하는 자세가 절실하다.

철 지난 보험은 리모델링하라

'일단 들고 나면 보험사나 설계사가 다 알아서 해줄 것이다.'

보험에 가입한 사람들이 흔히 갖고 있는 오해 가운데 하나다. 경제원칙의 기본은 최소비용으로 최대효과를 얻는 것. 보험도 같은 보장이라면 보험료를 아끼고, 같은 보험료라도 보장이 큰 것이 당연히 좋다. 보험상품은 시대상황이나 시장 흐름, 소비자 요구에 따라 계속 변한다. 즉 보험에 들었다고 모든 일이 해결된 것은 아니다.

❓ 보험 리모델링은 왜 필요할까?

지인의 부탁으로 오래전에 가입한 뒤 다시 꺼내 보지도 않았던 보험 약관. 직접 가입해놓고도 보장내용을 잘 모르고 어떤 보험에 가입했는지조차 기억하지 못한다면 큰 문제다. 또 한두 가지 보험은 있지만 특약이 없거나 부족한 경우, 결혼이나 자산 증가 등으로 개인환경이 바뀌어 보장 규모가 적절하지 않게 된 경우도 있다.

이때는 보험 리모델링을 생각해보아야 한다. 보험 리모델링은 현재 가입한 보험상품의 정확한 분석과 진단을 통해 보험료의 거품을 제거하는 과정이기 때문이다.

리모델링을 위해서는 우선 보장내용의 중복이나 부족 여부를 살펴야 한다. 재해 등 발생 가능성이 낮은 부분에 집중적으로 보장해놓고 정작 암이나 뇌출혈·심근경색 등 발생 확률이 높은 부분의 보장은 부족한 사례가 적지 않다. 잘못 설계한 것이다.

또 보장기간이 적정한지 여부도 판단해야 한다. 암이나 성인병 관련 보장을 들었으면서도 보장기간을 45세나 55세까지로 하면 경제적인 효과가 떨어질 수밖에 없다. 이밖에도 이미 가입한 상품을 해약할지 아니면 계속 유지할지도 꼼꼼히 따져야 하며, 감액완납이나 계약전환 등 각종 제도를 활용할 수 있는 방법도 잘 알아두면 유용하다.

리모델링, 내게 어울려야 최고

보험 리모델링은 어떻게 할까? 리모델링 방법을 실제 사례로 알아보자. 최근 CI보험(치명적 질병보험)에 든 회사원 김모씨. 35살인 김씨의 월수입은 300만원 정도이며, 보험은 본인이 3건, 아내가 2건 등 총 5건을 들었다. 김씨 부부의 전체 보험료는 연금을 포함해 35만원 정도. 이 중 연금보험을 제외한 보장성 보험료 합계는 15만원이다. 김씨 부부는 건강·재해·연금 등 다양한 보험상품에 들었다.

보장 내용을 보면 재해사망 보장(2억 5,000만원)이 집중적으로 설계되어 있는 반면, 질병으로 인한 일반사망(1,200만원)의 보장이 부족한 편이다. 또한 암이나 급성 심근경색·뇌출혈과 같은 중대한 질병이 생겼을 경우 치료나 생활자금 준비도 미흡했다.

그런데 최근 각종 통계에서 나타나듯 암·뇌졸중·심근경색 등 치명적인 질병으로 인한 사망자가 급증하고 있다. 이렇게 볼 때 발생 가능성이 훨씬 낮은 재해사망의 보장을 치명적인 질병의 보장보다 14배나 높게 한 김씨의 선택에는 문제가 있다.

김씨는 재해에 따른 보장은 낮추고, 대신 일반사망이나 치명적인 질병이 일어날 것을 대비한 보장을 높여야 한다. 이를 위해 가장 손쉬운 방법은 최근 인기 높은 CI보험에 가입하는 것이다. CI보험의 경우 기존 종신보험보다 비싼 것이 흠이지만 김씨는 이미 가입된 보장보험을 전환해 CI보험으로 전환했다.

아울러 배우자 관련 특약으로 본인뿐 아니라 배우자가 치명적인 질병이나 재해가 있었을 때 혜택을 받을 수 있도록 설계했다. 대신 연금보험은 노후대비 등을 위해 유지했으며, 상해보험은 재해에 따른 보장이 위주고 전환된 보험의 특약으로도 충분히 보장할 수 있어서 해약했다.

리모델링한 결과 어떻게 달라졌을까? 김씨는 일반 사망에서는 5배, 암이나 치명적인 질병이 생겼을 때는 4, 5배 정도로 보장 수준을 높였다. 본인은 물론 배우자도 암이나 치명적인 질병이 있을 때 3,000만원을 보장받을 수 있다.

 숙은 보험도 되살릴 수 있다

리모델링만 있는 것이 아니다. 효력이 정지되었던 보험을 되살릴 수도 있다. 보험은 다른 금융상품에 비해 장기상품이 많다. 그만큼 보험료를 꼬박꼬박 내는 일도 만만치 않아 간혹 본인 의지와 무관하게 연체하는 경우가 생긴다.

보험료를 2달 연속 납입하지 않으면 보험계약은 그 다음 달부터 효력이 상실된다. 다시 보험을 드는 방법도 있지만 보험료가 오르고, 나이가 들면서 보험 가입이 더 어려워질 수 있다. 이때 생각할 수 있는 방법이 '계약부활(효력회복)제도'다.

계약자가 계약이 해지된 날로부터 2년 이내에 일정한 절차에 따라 계약의 부활을 청약할 수 있다. 다만, 이는 계약자가 해약환급금을 받지 않은 경우에 해당되는데, 주의할 점은 연체된 보험료에 이자까지 포함해 납입해야 한다는 것이다. 아울러 계약을 부활할 경우 책임개시일, 계약 전 알릴 의무 등이 새로 가입하는 절차와 동일하게 진행된다는 점도 주의해야 한다.

상처는 하나면서 장해등급은 5개?

현대인들은 수많은 위험에 노출되어 있다. 불의의 사고를 당해 병원에서 치료를 받은 뒤에도 사고 전 상태로 회복되지 않기도 한다. 이런 경우 장해판정을 받아 가입한 보험사에서 재해장해급여금을 청구한다. 그런데 장해판정 기준이 기관마다, 심지어 병원이나 의사들에 따라 달라지면서 많은 문제를 낳고 있다.

들쭉날쭉한 판정, 피해는 내 몫이다

직장에서 일하다가 척추를 다친 L씨는 3개의 척추를 고정시키는 수술을 받았다. L씨의 장해등급 판정은 어떻게 될까?

척추운동이 정상인의 절반 이하로 제한된 경우 2005년 일원화된 생명보험과 손해보험에서는 동일한 장해지급율 30%의 장해판정을 받는다. 그런데 국민연금에서는 전체 4등급 가운데 장해 3급이며, 장애인복지법에서는 전체 6등급 가운데 가장 낮은 장해 6급으로 판정받는다. 또 산업재해로 처리될 경우 전체 14등급 가운데 6등급의 장해로 판정받는다.

척추이상일 때만 장해판정이 들쭉날쭉한 것이 아니다. 모든 신체 부위가 비슷한 실정이다. 같은 장해에 서로 다른 판정을 받는다는 것이 납득하기 힘들며, 신체적·정신적으로 어려움에 처한 상황에서 복잡하고 까다로운 장해판정으로 인해 피해자들의 불편만 커지는 것 또한 현실이다.

왜 이런 일이 일어날까? 이는 소비자보다는 공급자 입장에서 모든 법과 제도가 만들어져 시행되기 때문이다. 산업재해보상보험법·장애인복지법·국민연금법 등은 각기 그 취지가 다르고, 이에 따라 판정하는 기준 역시 특화되어 있다.

이로 인한 혼란이 커지자 2005년, 금융감독원은 생명보험과 손해보험의 자동차보험을 제외한 모든 보험의 장해판정 기준을 일원화했다. 사고로 다친 사람에게 생명보험과 손해보험에서 각기 다른 장해판정을 내린다면 누가 승복하겠는가. 감독당국에서도 이런 문제점을 인식해 판정기준을 하나로 만든 것이다.

이에 대해 권용진 서울대 의료정책연구실 연구위원은 "심지어 의사들조차도 모호한 기준 탓에 혼란스러워하고 있다"면서 "장해판정 표준화는 반드시 필요하다"고 말했다.

 ## 범죄자 만드는 장해판정은 개선해야

"장해판정 기준이 복잡하고 까다롭다고 해서 나한테 무슨 큰일이 생기겠느냐?"

이렇게 웃어넘길 수도 있다. 하지만 그렇지 않다. 이를 악용하고 남용하는 범법 사례가 적지 않다. 장해판정이 복잡하고 까다롭다 보니 환자를 상대로 장해판정을 알선하는 브로커들도 공공연하게 활개치고 있다. 환자 입장에서도 조금 더 유리한 판정을 받고 싶어 한다. 즉 얼떨결에 내가 가해자가 되거나 상대방의 부담이 커질 수 있다. 이에 따른 사회적인 부작용이 더 크다는 게 보험업계나 사법당국의 중론이다.

2007년 6월, 손해사정인과 의사 등이 결탁한 보험사기단이 경찰에 검거되었는데, 그 수법에 입이 다물어지지 않는다. 장해를 진단한 의사는 본인이 치료한 환자가 아님에도 주치의 소견도 듣지 않고, 단 10여분 진료한 뒤 진료기간을 5~7일간 기재하는 식으로 허위장해진단서 수백 장을 발급해 9,000만원의 수수료를 받았다. 또 물리치료비 등을 부풀려 3억원 상당을 편취한 것으로 드러났다. 부산 지역에서 의사가 가족들과 짜고 허위진단서를 발급한 뒤 건강보험공단으로부터 진료비 명목으로 수천만원을 받아 챙긴 사례도 언론에 보도된 바 있다.

이처럼 장해판정을 악용한 보험사기가 늘고, 도덕적 해이 역시 위험 수준을 이미 넘어섰다.

이로 인해 보험사가 타격을 입은 것은 물론이고, 선의의 계약자로부터 모은 보험료가 쓸데없이 낭비되는 결과를 초래한다. 더구나 국민 세금으로 운영되는 장애인복지법의 기금과 준조세인 국민연금의 기금이 부실해지는 부작용도 생길 수 있다.

연세대 의대 손명세 교수는 "각각의 기준이 서로 달라서 사람들이 굉장히 혼란스러워하고 국가재정이 낭비되는 결과를 낳고 있다"면서 "이를 방지하기 위해 최소한의 의학적인 판단기준을 내릴 수 있도록 하는 것이 시급하다"고 말했다.

그나마 다행히 현재 대한의약회가 보건복지가족부와 공동으로 장해판정 기준을 표준화하기 위해 힘쓰고 있고 조만간 그 결과가 나올 예정이

다. 이번이야말로 모든 분야에 적용할 수 있는 제대로 된 판정기준이 나
올 수 있기를 기대해본다.

보험 뒤에 또 다른 보험 있다

2008년 여름, 미얀마를 강타한 사이클론이나 중국 쓰촨성 지진으로 공식집계로만 수만명이 사망하는 끔찍한 자연재해가 발생했다. 국적을 떠나 너무나 안타까운 일이다. 재산피해도 상상을 초월할 정도다. 예기치 못한 자연재해는 누구도 피해가기 힘들다. 자연재해만이 아니다. 2001년 미국 뉴욕의 세계무역센터가 테러로 한순간에 무너져 내렸다. 인명과 재산피해가 엄청났던 것은 두말할 필요가 없다.

그런데 이런 대형참사가 벌어지면 보험사들은 엄청난 비용을 부담해야 할 텐데 어떻게 망하지 않고 버틸 수 있을까 궁금하지 않은가? 보험사를 위한 보험, 바로 재보험이 있기 때문이다.

 9 · 11테러와 함께 무너진 100조원

2001년에 일어난 9 · 11테러로 미국 뉴욕 세계무역센터가 무너졌고,

이에 따른 인명피해는 사망 3,122명, 부상 2,250명으로 집계되었다. 경제손실도 상상을 초월했다. 총 경제손실액은 100조원에 가까운 900억달러에 달했으며, 항공보험·재물보험·배상책임보험을 비롯해 보험손실액만 30~50조원에 달하는 것으로 나타났다. 이를 혼자서 감당할 수 있는 보험사는 거의 없을 것이다.

재보험의 비밀이 여기에 있다. 세계무역센터 붕괴사고에 대해 영국의 로이드사·독일의 뮤니크리·스위스의 스위스리 등 9개의 세계적인 재보험사들이 나누어 책임을 졌다. 이렇게 했는데도 피해가 워낙 크다 보니 규모가 작은 일부 재보험사들은 영업을 중단하는 사태까지 발생하기도 했다.

우리나라도 마찬가지다. 2008년 초, 경기도 이천에서 일어난 냉동물류 창고 화재사고로 많은 인명피해와 재산피해가 났다. 당시 관심을 모았던 것이 보험처리 여부였는데, 보험을 인수한 모손해보험사는 지급해야 할 금액 150억원가량 가운데 24억원은 자체 부담하고, 나머지는 재보험으로 처리할 것이라고 밝혔다. 창고 주인은 150억원가량의 보험에 가입했지만 모손해보험사는 이 가운데 일부만 자신들이 갖고 나머지를 유럽계 재보험사 3, 4곳에 위험을 분산했기 때문이다. 이 경우 모손해보험사는 재보험에 가입했다고 해서 '출재'라고 하고, 재보험사는 재보험을 받았다고 해서 '수재'라고 한다.

재보험, 재재보험, 재재재보험

재보험은 이렇게 보험사가 인수한 계약의 일부를 다른 보험사가 재차 인수하는 것으로, 흔히 '보험사를 위한 보험'이라고 부른다. 일반적인 보험은 개인이나 기업이 불의의 사고로 입게 되는 경제적인 손실을 보상해주는 제도라면 재보험은 보험사의 보상책임을 분담해주는 제도다.

그런데 왜 이런 복잡한 절차가 필요할까? 만약 보험사가 담보력 부족으로 대형위험이나 신종위험의 인수를 거절한다면 신뢰를 잃어 정상적인 영업활동을 할 수 없게 된다. 또 사회보장적인 면에서도 많은 부작용이 예상될 수밖에 없다.

그래서 보험사는 대형 보험계약도 일단 받아들이되 위험의 종류나 크기에 따라 자기가 부담할 수 있는 책임한도액을 정하고 그 금액을 초과하는 위험을 재보험으로 처리한다. 따라서 단순히 재보험만 있는 것이 아니라 재재보험, 재재재보험도 가능한 것이다.

예를 들어 최근에 국내에서도 관심을 모았던 우주선이나 인공위성 또는 대형선박이나 항공기 관련 보험의 경우를 살펴보자. 이것들은 천문학적인 비용의 장비가 들어가기 때문에 이를 1, 2개 보험사가 책임지기에는 위험부담이 너무 크다. 그래서 여러 보험사가 서로 위험을 나누어 갖는다. 물론 이런 보험은 보험료가 비싸 수익적인 측면도 상당하지만 일단 한 번이라도 사고가 나면 손해액이 엄청나기 때문에 보험사 역시 부담스럽다.

그래서 궁극적으로 재보험은 보험계약자를 보호하고, 기업의 안정적인 활동을 지원하며, 보험사의 경영 안정성을 도와주는 기능을 한다. 재보험 종류로는 재산종합보험, 기술보험, 선박보험, 항공기단보험, 특종보험(날씨보험 · 행사종합보험 · 동물보험 등 신종보험), 배상책임보험 등 원보험처럼 다양하다.

인간적인 얼굴을 한 보험은 없나

미국 세계무역센터의 붕괴나 카트리나 등 최근 몇 년 사이 대형사고나 자연재해로 인한 보험금 지급액은 일반인들이 생각하는 범위를 뛰어넘는다.

우리나라도 다르지 않다. 2002년 태풍 루사와 2003년 태풍 매미는 인명과 재산상 막대한 피해를 가져왔다. 보험사 부담 역시 급증했다. 그런데 2004년 쓰나미나 최근 발생한 미얀마 사이클론 피해의 경우 엄청난 피해에도 불구하고 보험금 지급과 관련된 면에서는 크게 주목받지 못할 것으로 예상된다. 산업단지나 시설물 밀집지역이 아닌 대부분 보험과 무관한 지역들이기 때문이다. 우리나라의 경우, 태풍 루사보다 매미가 보험손실이 훨씬 컸던 이유도 매미의 피해지역이 항만이나 조선시설 등이 몰려 있기 때문이다.

보험은 사람보다는 시설이나 건물, 재산 등에 더 관심이 높다. 이천 냉동물류창고 화재 때도 창고에 대한 보상은 가능하지만 당시 목숨을 잃은 피해자들에 대한 보험책임은 없었다. 창고주인이 건물에 대한 보험은 가입하면서도 그 속에서 발생할 수 있는 인명피해에 대비한 배상책임보험에는 가입하지 않았기 때문이다.

이런 예를 볼 때, 좀더 인간적인 얼굴을 한 보험, 그리고 그 보험을 뒤에서 든든하게 받쳐주는 재보험이 많이 나오기를 기대해본다.

이천 화재사고로 본 보험의 허실

2008년 1월, 40명의 목숨을 앗아간 이천 물류창고 화재사고의 보상문제가 불거지면서 배상책임보험의 허점을 개선해야 한다는 지적이 일고 있다. 목숨을 잃은 사람에 대한 보상은 없고, 불에 탄 건물에 대한 보상만 이루어지는 문제점이 나타났기 때문이다.

사람보다 창고가 더 중요하다?

보험업계에 따르면 사고업체인 코리아2000 측은 모손해보험사로부터 건물피해에 대한 보상을 받을 수 있는 기업종합보험에 가입한 것으로 드러났다. 보험료는 1,800만원 성도, 가입금액은 153억원에 이른다.

그런데 이 보험은 건물손해나 부속물에 대한 피해보상만 제공할 뿐 인적 손해에 대한 보상은 하지 않는 보험상품이다. 다시 말해 사고업체는 보험사로부터 건물과 부속물에 대한 피해보상만 받게 된다. 보상 내용 가운데 인명피해에 대한 배상책임 항목이 포함되어 있기는 하지만 이는 보험 가입자가 해당 시설을 소유, 관리하면서 제3자에게 손해를 준 경우에만 적용된다. 더구나 배상책임 범위도 최대 1,000만원까지만 보상할 수 있도록 설계되어 있어 이 보험으로는 사실상 제대로 된 인명피해 보상이 어렵다.

모손해보험사에 따르면 이천 화재사고의 경우 인명피해에 대한 보상은 해당사항에 없고, 배상책임 부분도 형식적으로 포함되어 있어 지급되더라도 1,000만원 이상은 불가능하다. 따라서 인명피해에 대한 보상은 개인적인 보험가입 여부와 산재보험 보상, 그리고 회사 측의 도의적인 책임에 의존할 수밖에 없었다. 사람 목숨보다 창고의 가치가 귀한 상황인 것이다.

배상책임 사각지대 해소해야

그런데 사고업체인 코리아2000 측은 왜 인명피해에 대한 배상책임담보는 빼고 건물에 대한 보험에만 가입했을까? 냉동창고는 특수건물이 아니어서 배상책임보험 가입이 의무사항이 아니기 때문이다. 특수건물은 '화재로 인한 재해보상과 보험가입에 관한 법률'에 따라 신체손해배상 특약부 화재보험에 가입이 의무화되어 있다.

현행법상 아파트나 백화점, 교육시설 등 일정 규모 이상이 되거나 많은 사람들이 수시로 출입하는 건물을 규정한 특수건물로 분류되지만 냉동창고나 물류창고 등은 특수건물에 해당되지 않는다. 하지만 이번 사고에서도 드러났듯이 냉동창고라 하더라도 공사를 진행하는 경우 한꺼번에 많은 인력이 출입하는 경우가 많고, 특히 최근 급속히 늘고 있는 물류

창고의 경우에도 단순히 물건만 쌓아두는 창고로 보기는 어렵다.

그래서 화재보험협회의 한 관계자는 "최근 들어 급속히 늘고 있는 물류창고 등이 배상책임보험의 사각지대가 되고 있어 이를 개선할 필요가 있다"고 지적했다.

흔히 드라마나 오락프로그램보다 TV광고가 더 재미있다고 말한다. 15초 정도의 짧은 순간이지만 TV광고는 시청자의 눈과 귀를 사로잡는 마력이 있기 때문이다.

보험사 광고도 마찬가지다. 전설의 쿵후스타 이소룡이 등장하기도 하고, 잔잔한 감동을 주는 광고도 있다. 정반대도 있다. 소비자들을 현혹하는 과장광고는 오히려 보험에 대한 이미지만 나쁘게 할 뿐이다. 그래서 보험사들은 광고 하나에도 신경이 곤두선다.

죽은 공명이 산 중달을 내쫓다

최근 보험사 광고 가운데 화제를 모은 것은 흥국쌍용화재였다. 지난 2008년 2월부터 코미디언 고 이주일씨를 광고에 등장시켜 관심을 모았던 흥국쌍용화재는 최근 쿵후스타 이소룡을 새로운 모델로 등장시켰다.

이 광고는 고인마케팅이라 불리는 광고기법으로 기성세대에게는 아련한 추억을 되새기게 하고, 신세대들에게는 새로운 흥미를 유발시키는 효과를 노리고 있다.

여기에 애국심을 자극하는 내용까지 추가했다. 이소룡이 죽도(독도의 일본식 표현)로 표기된 현판을 한 방에 부수고, 액션장면에서 이소룡의 주먹에 나가떨어지는 사람들이 모두 일본인을 연상시키는 것이 바로 그것이다. 광고모델료는 국내 인기모델의 절반 수준이라고 한다. 회사 측은 저렴한 비용으로 다양한 효과를 기대할 수 있어 마치 삼국지에서 '죽은 공명이 살아 있는 중달을 내쫓은 장면'과 흡사하다고 만족한 표정이다.

그런데 비싼 돈을 들여 광고했는데 괜한 구설수에 오르는 경우도 있다. 한 자동차보험사는 2008년 8월, 이틀 동안 '거꾸로 읽기'라는 파격적 형식의 광고를 내보냈다. 이 보험사는 단 한 명의 인물도 등장하지 않은 채 자막을 위에서 아래로 읽다가 다시 되돌려 읽는 '거꾸로 읽기'로 소비자들의 시선을 사로잡았다.

이 광고는 거꾸로 읽으면 제대로 읽을 때와 정반대 내용이 되는 방식이다. 제대로 읽으면 많은 보험사들이 고객과의 약속을 지키지 않아 불신이 높다는 내용인데, 이를 거꾸로 읽기를 통해 그 보험사가 보험 계약자들에게 약속을 지켜준다는 점을 강조하고 있다.

하지만 이 광고는 네티즌들 사이에서 몇 년 전 아르헨티나 대통령선거 광고를 표절했다는 시비에 휘말렸고, 광고 내용 역시 그 보험사만 약속을 지키는 것으로 비쳐지면서 다른 보험사들의 반감을 사기도 했다.

 ## 시대정신을 반영한 보험광고들

보험은 사람들의 삶과 죽음에 관련된 다양한 위험과 보장이 기본을 이룬다. 그래서 다른 금융상품과 다르다. 수익률만 생각하는 1년짜리 단기 상품이 아니라 10년, 20년 넘게 이어지는 장기상품이 많은 것도 이런 배경 때문이다.

그만큼 신뢰가 중요하다는 의미이기도 하다. 보험사 광고가 눈앞의 이익만 앞세운 상품선전에만 열을 올리거나 잠깐의 눈속임으로 소비자들을 현혹해서는 성공할 수 없다는 것도 이와 같은 맥락이다. 국내 대형 생명보험사들이 이미지 광고에 주력하는 것도 이러한 이유에서다.

가령 삼성생명은 대한민국 대표보험이라는 광고를 통해 국내 최대 규모의 자산과 고객만족도 1위라는 점을 강조한다. 대한생명은 '꿈을 보험 들었습니다'라는 카피로 고객의 꿈을 위해 함께하겠다고 약속하고, 교보생명은 '보험의 꽃' 광고를 통해 '보험의 꽃은 가족이 외롭게 힘들 때 피어난다'고 강조한다.

보험광고에는 시대의 화두가 담겨 있기도 하다. 특히 최근 보험사들이 주요하게 내세우는 화두는 노후대비다. 고령화시대가 현실화되면서 많은 사람들이 자신의 노후를 어떻게 맞이할지에 관심이 높다. 은퇴와 노후대비에 관련된 보험광고들 가운데 많은 인기를 모은 것으로는 현대해상 하이라이프 광고가 있다.

'건강 진단을 받았다. 100살까지도 거뜬하겠단다. 그런데 내일모레가 은퇴다. 웃어야 할지 울어야 할지.'

웃음을 가미한 이 광고는 일반인 모델을 써서 공감대를 높이면서도 은퇴 이후에 대한 불안감을 보험으로 대비하자는 분명한 메시지를 담고 있어서 호평받았다.

손해보험협회의 공익광고는 실제 사례를 통해 감동을 전하는 다양한 광고로 각종 광고대상에서 상을 받기도 했다. 특히 2007년 '지선이의 희망' 편은 수많은 사람들에게 가슴 뭉클한 감동을 주었다. 대학 졸업을 앞둔 23세 여대생 지선이는 교통사고를 당해 전신화상을 입고 12번의 대수술을 겪었다. 하지만 그녀는 아직도 희망을 잃지 않고 열심히 살아가고 있고, 그녀를 모델로 한 공익광고는 많은 사람들에게 음주운전의 심각성과 삶의 존엄성을 다시 한 번 생각하게 했다.

상품보다는 이미지와 신뢰가 우선

물론 보험광고에는 부작용도 적지 않다. 허위·과장 광고로 자주 구설수에 오르는 것도 이 때문이다. 대부분 보험상품을 선전하는 과정에서 장점만 부각시키면서 나타난 현상이다. 감독당국에서 경고도 하고 단속도 하지만 아직도 근절되지 않고 있다. 2008년 9월, 방송통신위원회가 보험이나 상조서비스 방송광고가 자칫 소비자에게 피해를 유발할 수 있다고 지적한 것도 이 같은 맥락이다.

그런데 2008년 초, 보험연구원에서 발표한 설문조사 결과는 매우 흥미롭다. 이 조사에 따르면 소비자들은 보험사 광고를 회상하는 방식이 이미지(25.1%), 광고카피·로고송(22.2%), 출연자(19.8%), 보장내용(17.8%), 보험상품 필요성(14.7%)의 순으로 나타났다. 보험사들은 과장광고까지 해가며 보험상품의 상점을 설득하지만 정작 소비자들은 보험사의 이미지와 신뢰도를 먼저 생각한다는 것이다.

이 조사 결과에서 보듯 소비자들은 오랫동안 함께 할 수 있는 믿을 수 있는 보험사를 찾고 있다. 따라서 보험사들은 허위·과장 광고로 눈앞의 이익을 추구하기보다는 20년 이상 함께 할 초유량 고객을 유치하는 데 더욱 노력해야 한다.

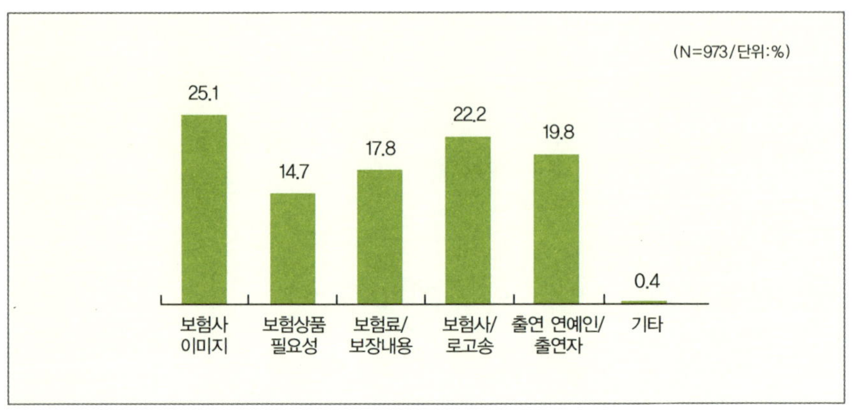

보험광고 회상 내용

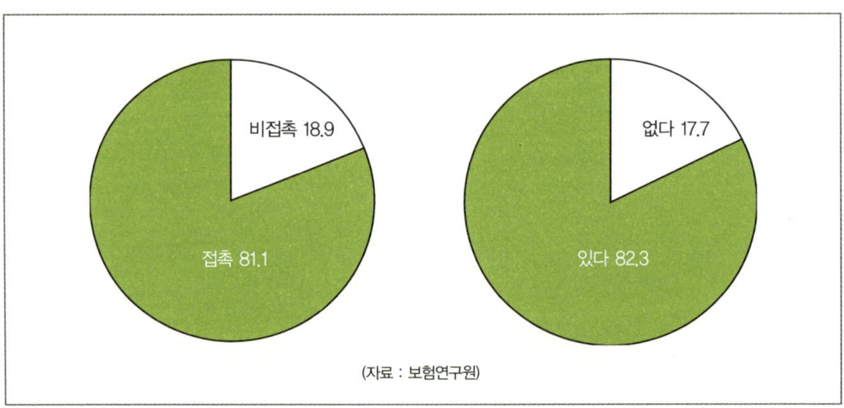

보험사 광고접촉률(N=1200) 및 광고 상기률(N=973)

다리보험, 코보험, 혀보험, 외계인보험까지 세상에는 엉뚱한 보험들이 많다.
그러나 아무리 엉뚱한 보험상품이라도 그 시대의 정서와 유행과 함께 한다. 우리들에게는 낯선
이색상품들이지만 알고 보면 유용한 보험들을 만나보자.

세상에는 이런 보험도 있다

사람들은 누구나 사고의 위험으로부터 피하고 싶어 한다. 하지만 사고는 언제 어느 때 생길지 모르고, 사고로 인한 정신적 · 경제적 손실은 엄청나다. 그래서 인류는 미리 일정한 돈을 적립해두었다가 사고를 당했을 때 손해를 보상하는 방안을 찾았다.

그렇게 탄생한 보험은 오랜 역사를 거치면서 그 시대의 풍습 · 지역 · 사회적 이슈 등과 어울려 발전해왔다. 우리나라에서 보험계약 1호가 소라는 점이나, 영국의 세계적인 보험사가 강변의 한 커피숍에서 시작했다는 것도 그렇다.

우리나라 보험계약 1호는 소

'소 팔아 대학 보낸다'는 말이 있다. 우리 부모 세대는 소의 힘으로 농사도 짓고, 자식 공부를 위해 그 소를 팔아 학비를 마련했다. 소가 있었기에 살 수 있었고, 소가 있었기에 희망도 있었다. 우리 부모 세대에게 소는 없어서는 귀한 재산이었다. 그래서일까? 우리나라 보험계약 1호는 사람이 아닌 소였다.

1897년에 탄생한 우리나라 보험계약 1호인 '소보험' 증권에는 '보조표 엽한냥'이라고 적혀 있다. 보험료가 엽전 1냥이라는 의미다. 보험전문가들은 엽전 1냥을 일시납으로 내고 난 뒤 소가 죽으면 보험금을 받았으리라 추정한다. 큰 소는 엽전 100냥, 작은 소는 엽전 10냥이 지급되었다고 한다.

또 한때 선풍적인 인기를 끌었던 교육보험은 우리나라가 원조다. 1958년에 세계 최초로 개발한 보험상품으로, 지금은 고인이 된 교보생명 창립자 신용호 회장의 작품이다. 처음에는 진학보험으로 시작했다가 점차 수정, 보완을 거치면서 교육보험이라는 브랜드로 완전히 자리 잡았다.

첫 번째 보험 계약이 소라는 점과 소 팔아 대학을 보낼 정도로 뜨거운 교육열이 우리나라 보험 성장에 기여했다는 점이 묘한 연관을 이루고 있다.

커피숍에서 세계 최고의 보험사로

세계적으로는 어떨까? 보험의 역사는 인류 역사와 함께 했을 만큼 오래되었다. 기원전 3000년경 바빌로니아에서는 '육상모험대차'라는 보험과 유사한 거래가 있었다. 모험대차란 고대에서 중세에 걸쳐 항구도시에서 이루어지던 관습적인 상거래를 의미한다. 선주나 화주가 선박 등을 저당해서 대금업자로부터 자금을 빌린 뒤, 항해중에 사고 나서 손실을 보면 자금의 반환의무가 면제되고, 항해가 무사히 끝난 경우에는 원금에

고율의 이자를 더해 돌려주는 제도로, 지금의 보험제도와 유사하다. 근대적인 의미의 보험 역시 '해상보험'에서 시작되었다는 것이 정설이다.

해상보험의 역사를 이야기할 때 자주 등장하는 사람이 영국인 에드워드 로이드다. 그는 1688년 템즈 강변에 커피하우스를 열었다. 이곳은 해운·무역·보험관계자 등의 집합장소로 주로 활용되었는데, 로이드는 손님들 편의를 위해 해운에 관한 뉴스를 모아 공유하기 시작했다.

이 커피하우스가 발전해 회원조합이 되었고, 1887년경부터는 해상보험 이외 분야까지 활동영역을 넓혀 오늘날 세계보험시장의 중심적인 역할을 하는 로이즈보험사가 탄생했다.

우리나라 최초의 손해보험사는 1922년 설립된 조선화재해상보험주식회사(현 메리츠화재보험)다. 자동차보험은 한국자동차보험(현 동부화재)에서만 독점적으로 취급하던 것이 1983년 자동차보험이 다원화되면서 현재와 같은 자율경쟁시장이 도입되었다.

2008년 8월말 현재 국내 손해보험업계는 손해보험사 11개, 재보험사 1개, 보증보험사 1개, 자동차보험 전업사 3개, 외국사 등 30개사가 영업중이다.

생명보험은 도박과 일란성 쌍둥이?

생명보험의 역사는 이보다 조금 늦다. 13, 14세기경 유럽에서는 구성원의 사망에 따른 경제적인 손실을 공동으로 구제하는 길드리는 제도가 있었다. 이 길드에서 일정한 기금을 갹출해 상호구제를 시작한 것이 현재의 생명보험제도와 비슷하다. 우리나라에도 신라시대 창(倉), 고려시대 보(寶), 조선시대 계(契) 등 생명보험과 유사한 상호부조제도가 이어

저 왔다.

생명보험 계약은 1583년 영국의 윌리엄 기본스라는 피보험자와 리처드 캔들러라는 보험자 사이에 체결된 12개월짜리 기간보험이 최초로 꼽히고 있다.

그런데 당시 유럽에서는 자신과 직접 관계가 없는 유명인사를 대상으로 보험에 가입한 뒤 유명인사가 사망하면 보험금을 받는 도박과 비슷한 형태의 생명보험이 유행했다. 때문에 일부러 유명인사를 살해하기도 하는 등 폐해가 심각했다. 그래서 네덜란드(1570년), 이탈리아(1588년), 영국(1774년) 등에서 자신과 이해관계가 없는 자에 대한 계약을 법으로 금지시키는 조치를 취했다.

생명보험 가운데 종신연금과 유사한 톤틴은 1650년 처음 실시되었다. 재정난과 전쟁에서 전사한 사람들의 생활보장 문제로 고민하던 프랑스 국왕 루이 14세가 이탈리아 은행가인 로렌즈 톤티의 아이디어를 받아들여 만든 것이 톤틴연금제도다. 톤틴연금은 국고에 자금을 예치하는 사람에게 원리금대신 종신연금을 지급하는 것이다. 특이한 것은 동일한 연금 그룹에 지급되는 연금 총액이 매년 동일해서 사망자가 있을 경우 생존한 사람들의 연금액이 그만큼 많아지고 생존자가 1명만 남을 경우 전액을 혼자받는 방식이었다. 이 제도는 사람의 생존율과 사망률을 통해 종신보장의 개념을 적용한 최초의 사례로 생명보험의 발전에 중요한 획을 그었다. 이 제도는 사망표와 보험수리 등 과학적인 근거를 토대로 운영되면서 오늘날의 생명보험 탄생에 크게 기여했다.

우리나라에서는 1921년 한상룡 등 국내 실업가들이 우리나라 최초의 생명보험회사인 조선생명보험을 설립했다. 하지만 그 뒤 명맥이 끊겼는데, 1962년 정부가 경제개발 5개년계획의 실천방안으로 생명보험을 국민저축조합기관으로 지정한 뒤부터 본격적으로 발전해 대한 · 동방(현

삼성)·대한교육(현 교보) 등 6개사 체제로 성장을 거듭했다. 이후 1986
년 생명보험시장의 대내외 개방과 자유화 추진에 따라 많은 신설사와 외
국사, 합작사 등이 생명보험 시장에 진입했다. 현재 우리나라는 22개의
생명보험사가 영업중인 세계 7위 생명보험 대국으로 성장했다.

흔히 보험이라고 하면 건강보험, 교육보험, 자동차보험 등을 떠올리게 마련이다. 그런데 가끔 언론매체 등에 이색보험들이 소개되기도 한다. 특히 사회적으로 유명한 이들 중에는 자신의 다리가 다칠 것을 대비해 보험에 든 것은 물론 엄청난 보험료를 자랑하는 코보험, 혀보험까지 등장했으니 말이다.

스타는 키퍼슨을 좋아해

얼마 전 보르도 와인을 생산하는 포도주 제조업자인 네덜란드인 일랴고르트가 우리나라 돈으로 약 80억원에 이르는 390만파운드짜리 코보험에 가입해 화제가 된 바 있다. 그가 코를 다치거나 후각을 잃으면 보험사는 그에게 390만파운드를 지불해야 한다. 영국의 유명 음식평론가인 에곤은 40억원에 달하는 혀보험에 가입하기도 했다.

이처럼 스포츠스타·유명 연예인·예술가 등 유명인사들의 특정 신체부위를 담보로 하는 보험을 일컬어 '키퍼슨(Key Person) 보험'이라고 한다.

유명인사들이 자칫 상해를 입거나 불의의 사고가 났을 경우 본인은 물론이고 소속사까지 엄청난 경제적 타격을 입을 수 있다. 따라서 키퍼슨 보험은 주로 유명인이 소속된 회사에서 대신 가입하는 경우가 많다. 워낙 유명한 사람들을 대상으로 하는만큼 보험료나 보험금이 일반인들의 상상을 초월한다.

영화배우인 제니퍼 로페즈는 1조원짜리 엉덩이보험에, 세계적인 팝스타 머라이어 캐리는 면도기 광고에 출연하면서 1,000억짜리 다리보험에, 축구스타 데이비드 베컴은 1,800억원가량의 다리와 얼굴 보험에 가입한 것으로 알려져 있다.

하지만 정확한 보험가입 금액이나 보험료는 언론 보도마다 차이가 나는 경우가 많다. 이는 키퍼슨 보험의 경우 1년마다 계약을 갱신하는 경우가 많고, 스타들의 특성상 자신의 사생활이 노출되는 것을 몹시 싫어하기 때문에, 보험사 측에 사생활 보호를 위해 보험 내역을 공개하지 말 것을 요청하는 경우가 많기 때문이다.

국내 한 손해보험사 관계자는 "한때 유명인 관련 보험이 언론에 화제가 되면서 해당 보험사들이 보험 가입자들로부터 항의를 받은 적이 많았다"면서 "최근에는 비밀유지를 엄격하게 요구하는 경우가 많다"고 말했다. 흥미로운 점은 정반대의 경우도 있다는 것. 자신의 인기와 몸값을 과시하기 위해 일부러 보험가입 금액을 노출하는 경우도 있다.

한류의 숨어 있는 힘, 보험

국내 유명스타들도 마찬가지다. 외국 연예인만큼은 아니지만 일반인들의 상상을 초월하는 보험가액을 자랑하기는 마찬가지다. 국내에서 최고 액수의 보험금을 자랑하는 스타들로는 보아·비 등 한류스타들을 들수 있다. 가수 보아는 2003년부터 목소리를 담보로 20억짜리 보험에 가입했는데, 1년 보험료가 수천만원이나 된다. 지금은 보장금액이 더 커져 50억원대에 이르는 것으로 알려져 있다. 월드스타 비는 2007년, 6개월에 이르는 월드투어 콘서트 기간 동안 100억원짜리 성대보험에 가입했다.

이밖에도 탤런트 이혜영의 12억원짜리 다리보험이나, 영화배우 임수정의 10억원대 상해보험, 메이저리그 투수인 김병현은 10억원의 팔보험, 피아니스트 서혜경의 10억원대 손가락보험은 지금도 널리 알려져 있다. 또한 얼마 전 개그맨 이혁재는 TV 오락프로그램에 출연해 무성한 자신의 가슴털을 거론하며 "만일의 경우에 대비해 보험에 가입했다"고 밝혀 화제가 되기도 했다.

이밖에 유명 연예인들이 소속되어 있는 기획사 YG엔터테인먼트는 100억원짜리 보험에 가입해 소속 연예인들에 대한 안전장치를 마련했다. 이 회사는 2004년부터 10년간 매월 300만원씩의 보험료를 내야 한다.

물론 코보험, 다리보험이 별도로 판매되는 것은 아니다. 사고 등을 대비한 상해보험을 통해 보장받는데, 유명인들의 경우 그 가치를 좀더 높게 평가하고 대신 보험료를 많이 내는 식이다.

테러보험부터 행사취소보험까지

키퍼슨 보험은 아니지만 일반인들이 잘 모르는 이색보험도 있는데, 일반인들도 필요하면 언제든지 가입할 수 있다.

이색보험은 손해보험사들이 많이 판매하고 있다. 한화손해보험의 경우 테러보험을 판매하고 있는데, 테러로 인한 재물손해 등을 보장한다. 9·11테러 이후 부쩍 높아진 테러에 대한 불안감이 상품을 만든 배경이 되있다. 흥국雙龍화재에서는 고객이 직접 만든 상품명으로 가입이 가능한 '견우가 직녀에게 주는 사랑보험'을 판매하고 있다.

현대해상의 경우에는 2008년 1월부터 실시된 애완동물보호법에 맞추어 하이펫애견건강보험을 출시했고, 이동전화기를 분실할 경우를 대비한 이동전화기 보상보험도 판매중이다. 이밖에도 LIG 손해보험에서는 갑작스러운 날씨 변화로 행사가 취소될 경우에 대비한 행사취소보험과 신종날씨보험을 판매하고 있다.

이처럼 조금만 관심을 가지면 생각하지도 못한 유용한 보험상품을 찾을 수 있다. 다만, 최근 일부 손해보험사들은 이 같은 이색보험에 대해 수익성 저하 등을 이유로 판매를 중단하거나 보험료를 변동할 것을 검토하고 있으므로 자세한 내용은 반드시 해당 보험사에 확인해보는 것이 좋다.

2006년 영국에서는 월드컵과 관련된 이색보험이 등장했다. 영국이 40년만에 우승을 노리면서 온 나라가 들썩거렸고, 한 30대 축구광이 영국이 기대 이하의 성적으로 탈락할 경우 받게 될 정신적 외상을 대비해 보험에 가입한 것이다. 보험료로 우리나라 돈 20만원 정도인 105파운드를 내고 기대 이하의 성적일 경우 약 2억원이 넘는 100만파운드를 받는다는 내용이었다. 이를 두고 보험업계에서는 '위험(손해)이 있는 곳에 보험이 있다'고 말한다.

유행에 민감한 신종 보험들

이색보험은 어떤 특정한 보험 종류를 말하는 것이 아니다. 일반적으로 알려진 종신보험·연금보험·암보험·자동차보험·변액보험·건강보험 등과는 좀 다르다는 의미다. 일반인들에게는 생소하고 낯선 경우가 많다.

최근 우리사회에 등장한 이색(틈새)보험의 대표적인 예로 '애견보험'
이 있다. 애완견의 병원치료비나 장례비 등을 보상받을 수 있는 보험으
로, 개를 가족구성원이자 인간의 반려동물로 여기는 사람들이 늘어나면
서 생긴 신종보험이다.

이처럼 최근 몇 년 동안 국내에서 새롭게 등장한 보험으로는 마라톤보
험·골프보험·다이어트보험·연인보험(커플보험)·군인보험 등이 있
다. 한 예로, 동양생명이 2006년에 판매한 '수호천사 연인보험'은 부부만
가입할 수 있고 남성이든 여성이든 한쪽만 가입하면 부부가 동시에 주요
질환을 보장받는 상품이다. 메리츠화재의 '커플보험'은 애인이 상해나
질병으로 입원해 만나기 어려울 경우 데이트 지연 위로금을 준다.

하지만 이들 상품들은 아이디어는 재미있지만 수요가 적어 대부분 판
매가 중단된 상태다.

❓ 외계인에 납치당하면 보험금을 준다?

외국은 훨씬 더 다양하다. 다양한 문화와 인종, 자유분방한 사회 분위
기를 반영하고 있기 때문이다. 특히 미국에서는 엉뚱하다 못해 어처구니
없는 보험까지 등장하기도 한다. 외계인납치보험이 그 대표적인 경우일
것이다.

이 보험은 미국 UFO보험사가 개발한 상품으로 외계인에게 납치나 유
괴당했을 때 1,000만달러를 지급하고, 외계인에 의해 사망하는 경우
2,000만달러의 보험금을 지급하는 보험이다. 하지만 이 보험은 지나치게
이벤트에만 치중하다 결국 판매중단되고 말았다.

한편 미국의 전직 대통령인 클린턴은 비서 르윈스키와 부적절한 관계를 비롯해 폴라 존스 등과의 지퍼게이트로 곤욕을 치렀다. 그는 수차례 지급된 위자료와 변호사 비용 등으로 경제적인 어려움도 겪었는데, 이때 도움을 받은 것이 흔히 성희롱보험으로 불리는 '고용관행보험'이다.

미국에는 성희롱보험뿐만 아니라 섹스보험도 있었다. 내셔널유니온사가 판매한 이 상품은 비뇨기과 의사나 성심리 상담사 등 성 관련 전문직 종사자들이 자신의 환자나 고객들로부터 소송을 당할 경우를 대비한 보험이었다. 하지만 이 같은 내용은 가려진 채 섹스보험이라는 이름만 널리 알려지면서 여론의 질타를 받았다.

✉ 사랑도 보험이 지켜주나요?

결혼 생활과 관련된 보험도 다양하다. 1988년, 영국에서는 결혼이 늦어지거나 취소될 때 보상해주는 결혼보험을 처음으로 판매했다. 영국 이글스타사는 1960년 쌍둥이보험을 개발했다. 이 보험은 2명 이상의 쌍둥이를 2번 이상 출산한 산모에게 축하금을 지원하는 상품으로, 미국·일본 등에서도 비슷한 상품이 판매된 적이 있다.

이뿐만이 아니다. 순결보험도 있었다. 이 보험은 1966년 이탈리아에서 만든 상품으로, 자신의 딸이 시집가기 전에 처녀성을 잃었을 경우 보상해주었다. 하지만 달라진 성의식과 문화로 요즘은 판매되지 않고 있다.

이밖에도 스웨덴에서는 이혼할 경우 위자료를 지급해주는 이혼보험을, 캐나다에서는 원하지 않는 임신을 했을 경우에 대비한 임신보험을 판매했다.

눈부족보험부터 파출부보험까지

　나라마다 자연환경이나 문화가 다르고, 그에 따라 보험도 다양하다. 가령 지구온난화가 심해져 스키장에 눈이 부족해지면 어떻게 될까? 스키장 소유주나 스키상품 판매업자들은 막대한 손해를 볼 수밖에 없다. 그래서 미국과 캐나다 등에서는 '눈부족보험'을 판매하고 있다.

　사스(중증급성호흡기증후군)나 AI(조류인플루엔자)으로 엄청난 피해를 입은 중국에서는 사스전문보험과 AI보험이 판매되기도 했다. 투우로 유명한 스페인에서는 투우보험은 기본이고, 매장문화를 중요시하는 남미 출신 이주근로자들이 늘면서 입관이나 묘지 비용을 지급하는 장례보험에 가입자가 2,200만명에 이를 정도로 폭발적인 인기라고 한다. 외국인 파출부를 많이 쓰는 싱가포르에서 파출부 전용보험이 있고, 영국에서 혈통 있는 말을 대상으로 하는 말보험이 있는 것도 별반 다르지 않다. 우리나라 최초의 보험계약이 소라는 점과 같은 맥락일 것이다.

올림픽이나 월드컵에서 우리나라 선수단이 세계 각국의 선수들과 멋진 명승부를 펼칠 때 우리 국민 모두는 모처럼 살맛난다. 온 국민이 함께 기뻐하고 함께 아쉬워하면서 스포츠의 위력을 다시 한 번 실감한다. 그런데 올림픽이나 월드컵은 경기만 흥미로운 것이 아니다.

🗄 상해보험 150억원, 시설보험 5,000억원

2008베이징올림픽은 보험에서도 다양한 화제를 뿌렸다. 중국의 육상 스타인 류시앙 선수의 상해보험은 2007년 10월 공개적으로 계약되었다. 평안보험 창업 20주년 파티석상에서였는데, 당시 평안보험은 "만일의 사태에 대비해 류시앙 선수가 1억위안 보험에 가입했다"고 발표했다. 우리나라 돈으로 150억원에 이르는 엄청난 금액이었다. 많은 사람들은 이를 보험사 이벤트 정도로 치부했다. 하지만 실제로 베이징올림픽 육상경

기중 류시앙 선수가 부상으로 기권하면서 상황이 달라졌다.

많은 중국 네티즌들과 스포츠 전문가들은 "류시앙 선수의 기권이 예상외의 사고이므로 당연히 보험금을 지불해야 한다"는 의견을 보였다. 그러자 핑안보험 측은 "아직 구체적인 것은 아무것도 정해진 것이 없다"는 입장만 밝히고 있다. 워낙 큰 금액이기에 고민도 될 듯하다. 하지만 세계인의 관심사가 된 이상 공개적으로 한 약속을 깨기가 쉽지 않을 것으로 보인다.

베이징올림픽 주경기장도 화제가 되었다. 일명 새둥지(냐오차오)로 불리는 주경기장은 베이징올림픽 조직위원회가 약 5175억원에 달하는 34억 5,000만위안의 보험에 가입한 것으로 알려졌다. 건축비의 1.5배에 달하는 엄청난 금액으로 단일 보험금 가액으로는 최고 수준이다. 또 선수들은 국제관례에 따라 가입한 생명·상해보험에 따라 베이징올림픽에서 다칠 경우 4,500만원가량인 30만위안의 보험금을 받을 수 있고, 중국선수들은 별도로 70만위안을 증액한 최고 1억 5,000만원에 이르는 100만위안의 보험금을 받을 수 있다. 실제 2008년 베이징올림픽에서는 총 참가자 1만여명 중 9.6%에 해당하는 1,055명의 부상자가 발생한 것으로 조사되었다. 참가 선수 10명당 1명꼴로 다친 셈이다.

 보험으로 태극전사를 응원하자

그렇다면 우리 선수단은 어떤 보험에 가입했을까? 한국선수단 267명과 대한올림픽위원회 관계자 등 총 395명은 최대 3억원까지 보상되는 그린손해보험사의 해외여행자보험에 가입했다. 이를 통해 비행기를 타는 순간부터 귀국할 때까지 사망·상해·질병 등을 보장받는 것은 물론 별도로 가입한 스포츠 상해보험을 통해 경기 도중이나 훈련중 입은 사고까지 보장받는다.

태극전사들만이 아니다. 선수들을 응원하는 사람들이 많은만큼 응원단을 위한 보험도 등장했다. 베이징올림픽을 앞두고 백화점이나 여행사 등에서 경품이벤트를 준비하면서 보험에 가입했는데, 대부분 한국선수단이 금메달을 12개 이상 따면 경품을 주겠다는 내용이었다. 경승용차를 88대 증정하기로 한 롯데백화점이나, 금메달을 12개 따면 중국여행을 떠나는 고객 등을 대상으로 추첨해 승용차와 상품권 등 8,000만원 상당의 경품을 주는 하나투어가 대표적인 경우였다. 또 금메달을 12개 이상 획득할 경우 옷 한 벌 사면 하나를 더 주는 행사를 진행한 의류업체와 축구·야구 대표팀이 4강에 동반 진출할 경우 여행경비 등을 지급하는 회사도 있었다.

이들 회사들은 자칫하면 막대한 경품행사 비용을 부담해야 하기 때문에 사전에 보험에 가입했는데 이런 보험을 '상금보상보험'이라고 한다. 만약 기준에 미달(금메달 12개 등)하면 보험사는 보험금을 벌지만 기준을 충족시키면 보험사들은 고스란히 보험금을 지급해야 한다.

결과적으로 태극전사들은 베이징올림픽에서 금메달 13개로 종합 7위를 했고, 그 덕택에 이벤트 업체는 돈 좀 썼다는 후문이다.

 보험없는 스포츠 행사는 없다

이밖에도 올림픽과 같은 큰 행사를 치를 때는 관련된 보험이 한두 가지가 아니다. 우선 행사종합보험을 들 수 있다. 이 보험은 공연이나 각종 행사에서 발생할 수 있는 각종 사고를 대비한 상품이다. 날씨 등으로 갑

자기 행사가 취소되거나 변경되는 경우(행사취소담보), 행사 관련 장비
가 화재·도난 등의 손실을 입은 경우(재물손해담보), 행사 관련 스텝 등
이 상해를 입은 경우(상해위험담보), 관람객 등 제3자에 대한 배상책임
(배상책임담보) 등을 보장하며, 선택가입도 가능하다.

다만, 계약자나 피보험자의 고의나 행사관계자의 개인불참 등에 대해
서는 보상하지 않는다는 점은 미리 알아두어야 한다. 앞서 언급한 상금
보상보험도 피보험자에 의한 사기·허위진술·숨김 등이 있거나 파산·
청산 등의 사유가 발생할 경우 보상하지 않는 경우가 있다.

체육시설업자 배상책임보험이나 시설소유(관리)자 배상책임보험 등
도 큰 행사를 치르기 위해 많이 활용하는 보험이다. 예를 들어 운동선수
들이 선수촌 외의 숙박시설에 머무는 중 상해가 발생하거나 운동용품의
도난, 파손이 발생하는 경우가 생겨도 이런 보험을 통해 보상받을 수 있
기 때문이다.

이밖에도 대규모 스포츠경기와 무관할 것 같은 선박보험도 있다. 가입
한 선박이 침몰·좌초·화재·충돌 등 해상위험으로 인해 파손된 경우
발생한 손해를 보상받는 상품으로, 올림픽 등에서는 해상에서 열리는 요
트경기가 그 대상이 될 수 있다.